남자를 이끄는 힘

성경에서 배우는 인생 한 수(手), 15분 남성큐티

남자를 이끄는 힘

이의수 지음

국제제자훈련원

남자의 **힘**은,
남자의 인생을 이끄시는 Him(그분)이다

남자들은 일에 매달려 사느라 자신이 누구인지 생각할 겨를이 없다. 아침이면 눈을 비비고 일어나 힘겨운 하루를 시작하고, 저녁이 되면 지친 몸을 이끌고 집으로 돌아온다. 반복적인 일상 속에 활기찬 모습은 찾아보기 어렵고 마음은 점점 지쳐만 간다. 이런 남자들에게 자기 정체성을 찾으라는 말은 어쩌면 사치인지도 모른다. 최근 한 정유회사의 광고는 이런 남자들의 힘겨운 삶을 잘 공감해 주고 있다. "상사는 눈치주지 영어는 딸리지 이거 뭐 쉬운 일 하나 없네. 맨날 야근에, 착한 남편에, 좋은 아빠까지, 아빠는 슈퍼맨 슈퍼맨"

이 광고는 요즘 남자들의 속내를 솔직하게 담아 공감과 격려의 메시지를 함께 전하고 있다. 단 몇 줄의 카피일지 모르지만 남자들의 마음을 헤아려 친밀감을 더해주고 있는 것이다. 남자들은 토로한다. "내 이름, 내가 남자라는 것, 내가 하는 일, 다 잘 아는데 정작 가정과 세상에서 내가 누구라고 자신 있게 말하기가 어렵다"고. 왜 그럴까? 경쟁 사회 속에서 결과에 따라 자신의 가치를 평가받고 살아온 남자들에게는, 눈에 보이는 능력의 한계를 벗어나 자신을 있는 그대로 바라보고 표현하는 것 자체가 익숙지 않기 때문이다. 사람들은 흔히, 지나온 인생만큼 화려한 업적이 없다고 말한다. 그러나 이는 잘못된 생각이다. 오늘의 삶은 지나온 삶의 결과이기에, 현재 자신의 모습이 최선이며 최고의 결과임을 우리는 부인할 수 없다. 죄를 짓지 않았거나 스스로 게으르지 않았다면 누구나 최고의 인생을 살아온 것이다. 그런데 우리는 왜 스스로 자신 없어할까? 남자들은 왜 자신의 인생 앞에 당당하기 어려울까? 이는 남자들이 스스로 이루어 놓은 가시적인 결과로 인생 전체를 평가하려 하기 때문이다.

우리의 부모는 우리가 이루어 놓은 그 무엇 때문에 우리를 사랑하시는 분들이 아니다. 그저 우리가 당신들의 아들이라는 사실 하나로 우리를 사랑하실 뿐이다. 무한경쟁에 찌든 반쪽짜리 관점으로 인생을 바라본다면 우리는 주눅 들 수밖에 없다. 하나님은 우리에게 "너는 내 것이라"(사 43:1), "내가 너와 함께 할 것이라"(2절), "나는 여호와 네 하나님이요…네 구원자임이라"(3절), "내가 너를 사랑하였은즉"(4절)이라 말씀하신다. 우리가 이룬 성과, 우리의 어떠함 때문이 아니라 우리의 있는 모습 그대로를 사랑하시는 분이 우리 하나님이시다. 그분은 우리의 아픔과 연약함을 헤아려 아시는 분이고, 그분의 조건 없는 사랑은 우리가 이 땅에서 얼마나 귀한 존재인지 증명해 준다.

한편, 성경은 남자들의 이야기로 가득 차 있다. 므두셀라를 낳고 하나님과 300년을 동행했던 에녹, 500세가 된 후에 세 아들을 낳았을 뿐만 아니라 하나님의 명령을 따라 방주를 지었던 노아, 하나님의 명령을 따라 본토 아버지의 집을 떠났던 아브라함, 욕심을 따라 살아가는 남자들의 실상을 보여 주었던 야곱, 노예에서 총리까지 파란만장한 삶을 살았던 꿈의 사람 요셉 등 다양한 남자들이 등장한다. 그밖에, 바구니에 담겨져 있던 아이 모세가 이스라엘 민족의 지도자로 세워지는 이야기, 이스라엘 백성들을 이끌고 가나안 땅으로 나아갔던 여호수아와 갈렙의 믿음의 이야기, 약함 가운데서도 평생 하나님의 뜻대로 순종하고자 했던 다윗의 이야기, 분명한 목적을 따라 살아가는 남자의 삶을 보여준 바울의 이야기, 이 시대의 마지막 비밀을 보았던 사도 요한의 이야기 등 성경은 우리가 동경하는 남자들의 성공과 실패에 대한 한 편의 보고서와 같다. 그런데 성경 속 남자들이 좌절하고도 남을 만한 상황에서도 승리할 수 있었던 힘은 어디에서 나왔을까? 세상을 넉넉히 이기는 남자들의 특별한 한 수는 무엇일까?

남자를 이끄는 힘은, 하나님의 인도하심을 믿는 것에 있다.

복잡한 인생을 이야기할 때 미로와 미궁에 빗대곤 한다. 그런데 미로와 미궁은 그려지는 목적이 분명 다르다. 미로는 길을 잃어버리도록 그려지기 때문에 통로가 어지럽게 얽혀 있어 출구를 찾기 어렵다.

반면 미궁은 길을 찾는 데 목적을 두고 그려지기에 결국은 길을 찾아 빠져 나올 수 있게 된다. 미궁은 입구와 출구가 동일하다. 그래서 어디로 가든지 끝까지 가기만 하면 되돌아 나올 수 있다. 미궁 속으로 들어갈 때는 무거운 짐을 지고 가지만, 전환점을 만나는 순간 가볍고 활기찬 걸음으로 빠져 나올 수 있다.

그리스도인의 인생은 미궁과 같다고 할 수 있다. 고난의 중심까지 들어가면 반전의 은혜를 경험할 수 있다. 고난의 중심에서 하나님을 만나기만 하면 인생의 전환이 이루어지는 것이다. 반면 대부분의 남자들은 자신의 인생이 미로 속에 갇힌 인생이라고 여긴다. 얼핏 보면 맞는 말 같다. 눈앞의 현실은 그저 혼란스럽고 끝없이 무너지는 것처럼 보이기 때문이다. 그러나 사실, 하나님의 계획에 따라 충실히 인도받고 있음을 남자들은 믿어야 한다. 실제로 요셉은 애굽의 종에서 죄수로 서서히 무너지는 것 같았으나, 사실은 하나님이 주신 꿈을 향해 정확하게 인도받고 있었다.

욥은 자신의 고난에 대해 "그러나 내가 가는 길을 그가 아시나니 그가 나를 단련하신 후에는 내가 순금 같이 되어 나오리라"고 확신했다(욥 23:10). 사도 바울 역시 "우리가 알거니와 하나님을 사랑하는 자 곧 그의 뜻대로 부르심을 입은 자들에게는 모든 것이 합력하여 선을 이루느니라"고 확신했다(롬 8:28). 이처럼 욥과 바울이 분명히 알고 있었던 것은 무엇인가? 자신들이 겪고 있는 고통이 결코 영원하지 않을 것이며, 인생의 전부도 아니라는 점이다. 인생의 결론이 무엇인지 아는 것, 그리고 자신의 인생을 하나님이 인도하심을 믿는 것에 남자를 이끄는 힘이 있다.

남자를 이끄는 힘은, 소명을 따라 사는 것에 있다.

만남이 인생을 결정한다. 예수님과 제자들의 만남은 역사적인 만남이었다. 열두 명의 제자들은 그저 그런 인생들, 무엇 하나 성공적인 삶을 살아본 경험이 없는 남자들이었다. 그런데 예수님의 부르심은 그들의 인생을 완전히 바꾸어 놓았다. 예수님을 만났던 남자들의 특징은 이처럼 인생의 방향이 바뀐다는 점이다.

세리장 삭개오는 예수님을 만난 후 새로운 삶에 눈을 떴고, 다메섹 길 위에서 예수님을 만났던 핍박자 사울은 전도자 바울이 되었다. 당신을 세 번 부인한 베드로를 예수님이 다시 찾아오시지 않았다면, 베드로는 평생 후회하며 실패한 인생을 살았을 것이다. 그밖에 수많은 사람들이 예수님을 만난 후 인생의 소명을 발견했고 그 순간부터 그들의 인생은 달라졌다.

남자들에게 인생의 가장 큰 위기는 사업 실패나 건강 악화가 아니라 하나님을 만나지 못한 채 살아가는 것이다. 남자들이 하나님을 만날 때, 그들은 자신들을 향한 하나님의 사랑을 깨닫고 인생의 소명을 발견할 수 있다. 소명을 통해 나 자신이 세상에서 꼭 필요한 사람임을 깨달은 남자들은, 아무리 어려운 상황도 흔들림 없이 헤쳐 나갈 수 있는 힘을 얻는다. 부르심의 목적을 따라 한 걸음 한 걸음 나아가는 인생길은 소망의 여정이 될 수밖에 없다(롬 5:5).

남자를 이끄는 힘은, 말씀을 묵상하는 것에 있다.

남자들의 실패는 듣지 못하는 데 있다. 하나님의 말씀을 제대로 듣지 못하면 자기 생각대로 살아가기 마련이다. 분명한 방향과 목적을 가지고 흔들림 없이 살기 위해서는, 매일 하루 세 끼 밥을 먹듯 하나님의 말씀을 먹어야 한다. 고난을 해결할 수 있는 힘과 지혜는 하나님의 말씀에서 나오기 때문이다. 매일 읽은 말씀을 삶으로 살아낼 때 우리는 인생길을 바르게 걸어갈 수 있다.

소명을 가진 남자들은 자신의 소명의 목적과 의미를 성경을 통해 지속적으로 확인할 필요가 있다. 하나님께서 주신 소명은 언제나 그분의 말씀과 일치하기 때문이다. 노아가 아라랏 산에 방주를 지을 수 있었던 비결은 무엇일까? 아브라함이 100세에 얻은 아들을 제물로 바치기 위해 모리아 산으로 향할 수 있었던 비결은 무엇일까? 다니엘이 사자굴과 풀무불에 던져지면서도 끝까지 믿음을 지킬 수 있었던 비결은 무엇일까? 스데반이 순교의 현장에서 온갖 비난과 조롱, 돌 세례를 맞으면서도 그의 얼굴이 천사의 얼굴 같았던 이유는 무엇일까? 사도 바울이 자신의 약함을 부끄러워하지 않고 오히려 자랑으로 여길 수 있었던 이유는 무엇일까? 믿음의 사람들이 환난을 즐거워하고 소망 가운데 살 수 있었던 비결은 오직 말씀 속에서 발견할 수 있다. 어떤 상황 속에서도 흔들리지 않고 남자답게 살 수 있는 힘을 얻고 싶다면, 매일 말씀을 묵상하라.

자신의 소원을 붙들고 현실과 싸우는 사람은 힘겨운 인생을 살 수밖에 없다. 인생의 소망을 자기 자신에게서 찾는 사람은 실패할 수밖에 없다. 남자들이 간혹 절망의 늪으로 빠지는 이유가 바로 여기에 있다. 인생의 소망과 답은 오직 그분과 그분의 말씀에 있음을 분명히 기억해야 한다.

이 책은 하나님의 이끄심을 믿는 남자들을 위한 은혜의 묵상집이다. 이 책은 예수 그리스도를 구주로 영접했음에도 아직 떠나지 못한 달콤한 옛 습관들을 떠나보낼 수 있게 도와줄 것이다. 또한 믿음으로 사는 남자들이 힘 있게 지켜야 할 것들이 무엇인지 짚어보고, 하나님께 영광 돌리는 인생이 되기 위한 믿음의 해법들을 제시할 것이다. 아울러 세상을 살아가는 남자들로 하여금 믿음의 세계를 바라보게 하는 은혜의 창과 같은 역할을 할 것이다.

하루를 시작하기 전, '오늘도 나를 이끄시는 하나님의 힘으로 하루를 살고 싶습니다'라는 간절한 기도를 드려 보라. 그리고 오늘의 말씀을 묵상하고 실천을 다짐해 보라. 이러한 작은 시작이 나를 향한 하나님의 계획을 이루어 갈 것이다. 이런 남자가 진정 남자다운 남자요, 하나님이 기뻐하시는 남자다. 남자들이여, 조금만 더 힘을 내자. 나의 인생을 이끄시는 그분을 믿고, 그분이 주시는 힘으로 오늘을 살고 내일을 기대하자.

차례

. . . .

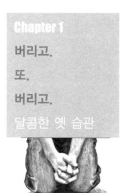

chapter **1**

버리고 .
또 .
버리고

달콤한 옛 습관

하나님 앞에서 중요한 것은,

너희가 어떤 사람이며
어떻게 사느냐 하는 것이다.

요한복음 4장 23절, 메시지

보암직하고
먹음직한 것들의 유혹

그들이 달려가서 거기서 그를 데려오매 그가 백성 중에 서니 다른 사람보다 어깨 위만큼 컸더라 _삼상 10:23

남자들은 인생에 세 번의 기회가 온다는 막연한 희망을 품고 산다. 그리고 실제로 그런 기회를 만나기도 한다. 많은 사람들에게 주목을 받거나, 생각지 못한 일을 계기로 성공의 궤도에 진입하는 경우도 있다. 이처럼 기회는 누구에게나 찾아올 수 있지만 그렇다고 아무나 잡을 수 있는 것은 아니다. 뜻밖의 기회를 통해 스스로를 성장시키고 성공하는 것은 준비된 사람들의 몫이다. 사실, 이런 기회 못지않게 중요한 것은 과연 내가 하나님 앞에 준비된 사람인가 하는 것이다. 준비된 사람만이 하나님께서 맡겨 주시는 일을 잘 감당할 수 있기 때문이다. 그렇다면 우리는 인생의 기회 앞에 당황하지 않기 위해 어떤 준비를 해야 할까?

사무엘상 10장 속의 이스라엘 민족은 새로운 역사를 시작하고 있다. 그들은 사사시대를 마무리하고 왕을 세워 새로운 나라를 만들고자 했다. 이는 합리적인 통치를 내세워 국가적인 면모를 갖추려는 것처럼 보이지만 실상은 하나님에 대한 배신행위였다. "너희는 너희를 모든 재난과 고통 중에서 친히 구원하여 내신 너희의 하나님을 오늘 버리고 이르기를 우리 위에 왕을 세우라 하는도다"(삼상 10:19). 그들은 눈에 보이지 않는 하나님이 아닌, 눈에 보이는 왕의 통치에 신뢰와 기대를 드러냈던 것이다.

이에 하나님은 그들이 스스로 왕을 뽑을 수 있는 기회를 허락하셨다. 제비뽑기 결과, 베냐민 지파 마드리의 가족 가운데 기스의 아들인 사울이 이스라엘의 첫 번째 왕이 되었다. 성경은 그가 백성 중에 서니 다른 사람보다 어깨 위만큼 컸다고(23절) 말한다. 사울은 이스라엘 백성들이 보기에 왕으로 가장 적합한 인물이었다. 사무엘이 모든 백성들에게 "너희는 여호와께서 택하신 자를 보느냐 모든 백성 중에 짝할 이가 없느니라"(24절)고 말할 때에 사람들은 만세를 부르며 환호했다. 사울은 누가 보아도 멋진 왕이었다.

이스라엘 백성들은 그들이 생각하기에 가장 합리적인 방법으로, 그들의 눈에 보암직하고 그럴듯한 인물을 왕으로 세웠다. 그러나 이스라엘 민족을 다스릴 왕은 하나님이 보시기에 좋은 사람이어야 했다. 무엇보다 하나님을 온전히 신뢰할 줄 아는 신실한 성도여야 했다. 훗날 다윗은 사울과 대조적인 모습으로 왕이 된다. 그는 사무엘이 이새의 집에 갔을 때 '그 집에 없어도 되는 자녀'였다. 왕이 될 만한 사람이라고 누구도 생각하지 않았던 사람이 다윗이었다. 하지만 하나님 보시기에 아름다웠던 사람은 다름 아닌 다윗이었다.

사울은 사람들의 기대처럼 한결같고 탁월한 왕이 되지 못했다. 이처럼 세상의 눈으로 볼 때 보암직하고 먹음직하다고 다 좋은 것은 아니다. 남자들에게는 때때로 깊은 자기반성이 필요하다. 사람들 앞에 그럴듯하게 허세를 부리지는 않았는지, 하나님의 눈이 아닌 세상의 잣대로 자녀들을 바라보지 않았는지, 가정의 영적 리더로서 말씀과 기도에 게으르지 않았는지 점검할 필요가 있다. 내게 허락하신 가정과 일터와 교회에서 사랑으로 행하며 신실한 하나님의 백성으로 살아가고 있는지 스스로 돌아보자.

남자들이여, 사람들의 칭찬에 힘 입어 자신이 완벽한 사람이라고 착각하지는 않았는가? 내가 가진 명함보다 나의 인생 자체가, 나의 보암직한 외모보다 맑고 깨끗한 영혼이 더 가치 있다는 사실을 인정하며 사는가? 더 이상 세상의 화려한 명함과 눈길 가는 외모에 기웃거리지 말고, 이제 청년시절의 그 순수하고 뜨거웠던 믿음을 되살려 중년의 더욱 깊은 은혜로 나아가자.

남자를 이끄는 힘

우물을 파는 묵상

1. 지금껏 살아오면서 만났던 '인생의 기회'를 떠올려 보자. 그 기회 이면에
   숨어 있는 하나님의 뜻을 헤아려 본 적 있는가?

   _____

   _____

   _____

   _____

2. 하나님의 생각과 나의 생각이 다름을 실제로 경험한 적 있는가? 내가 보
   기에 좋은 것과 하나님이 보시기에 좋은 것의 차이점이 무엇인지 생각해
   보자.

   _____

   _____

   _____

   _____

   _____

   _____

롤러코스터 신앙

히스기야가 사자들의 말을 듣고 자기 보물고의 금은과 향품과 보배로운 기름과 그의 군기고와 창고의 모든 것을 다 사자들에게 보였는데 왕궁과 그의 나라 안에 있는 모든 것 중에서 히스기야가 그에게 보이지 아니한 것이 없더라 _왕하 20:13

우리의 인생은 넘어지고 일어섬의 반복이다. 이제 막 걸음마를 뗀 어린아이처럼 말이다. 갓 태어난 아기가 스스로 걷고 달릴 수 있을 때까지 적어도 2,000번은 넘어진다고 한다. 이렇게 넘어짐을 반복하면서 비로소 스스로 걷고 뛰는 법을 배우는 것이다. 이처럼 누구나 롤러코스터 같은 인생을 살아가지만 우리의 신앙생활마저 그래서는 안 된다. 그러나 우리 중에는 롤러코스터를 타듯 믿음의 극과 극을 오가며 사는 사람들이 있다. 그들은 힘들고 어려울 때는 간절히 하나님을 찾다가도, 문제가 해결되면 자신이 잘해서 된 것으로 생각하고 금세 하나님께 등을 돌리곤 한다. 우리가 잘 아는 히스기야도 잠시 롤러코스터 신앙의 주인공이 된다.

남자를 이끄는 힘

중병으로 죽음 직전에 있던 히스기야는 하나님께 간절히 기도하여 15년의 시간을 덤으로 받은 바 있다. 하나님은 이에 대한 표시로 일영표[1] 위에 머무른 해의 그림자를 10도 물러나게 하셨다(왕하 20:8-11). 사실 히스기야의 죽음은 하나님의 뜻이었지만, 그의 간절한 기도를 들으신 하나님이 친히 그 뜻을 돌이키신 것이었다. 그러나 안타깝게도 히스기야의 신앙은 그 후로 한결같지 않았다. 그는 그에게 있는 모든 부귀와 영광을 자신의 능력과 노력의 산물인 것처럼 생각했다. 급기야 히스기야는 바벨론 왕 브로닥발라단의 사절에게 유다의 국력을 과시하기 위해 보물고와 군기고와 창고의 모든 것을 보이고 만다(12-13절). 이는 하나님께 지혜를 구하지 않고 강국과의 동맹을 맺고자 범한 어리석은 실수였다. 히스기야는 절체절명의 위기에서 하나님께 큰 은혜를 입은 자였음에도, 결정적인 순간에 하나님보다 자신의 능력을 믿는 교만을 범했던 것이다.

히스기야의 이러한 모습은 현대를 살아가는 남자들의 모습과 비슷하다. 흔히 남자들은 자신이 힘들고 어려울 때에는 앞장서서 아내를 교회 기도실로 들여 보낸다. 그리고 바라볼 곳 없는 자신을 위해 하나님이 모든 문제와 필요를 해결해 주시기를 간절히 바란다. 그러나 고난의 구름이 걷히고 나면 하나님께 감사한 마음은 온데간데없고 또다시 세상으로 나가기 바쁘다. 하나님을 향한 눈물 섞인 간구가 하늘을 찌를 듯한 교만으로 바뀌는 순간이다. 한마디로 롤러코스터 같은 신

---

1) 해의 그림자로 시간을 헤아리던 기구

앙인 셈이다.

다윗의 인생 역시 말도 많고 탈도 많은 롤러코스터 인생이었다. 도저히 어찌 할 수 없는 환경이 그를 위협했고 그의 고질적인 연약함이 씻지 못할 죄를 범하게 했다. 하지만 그럼에도 불구하고 다윗은 모든 상황 속에서 하나님의 은혜가 손상되지 않도록 혼신의 힘을 다했다. 엎치락뒤치락하는 롤러코스터 인생이지만, 넘어지되 아주 엎드러지지 않도록 붙들어주는 것이 바로 믿음이다. 종교개혁을 단행한 히스기야 안에도 롤러코스터 신앙인의 모습이 있었는데 이 시대를 살아가는 남자들은 어떻겠는가? 이제는 남자들 스스로 연약하고 어리석은 존재임을 인정하고, 이전보다 더 하나님의 긍휼과 은혜를 구하는 삶을 살아야 할 것이다.

남자들이여, 소위 잘나가던 시절 그대들에게 하나님은 어떤 분이셨는가? 그리고 힘들고 어려울 때에는 어떤 기도를 하며 하나님께 매달렸는가? 간절히 기도하던 그 마음을 성공한 뒤에도 그대로 유지하고 있는가? 남자로서 한때 엎치락뒤치락하는 롤러코스터 인생을 살 수도 있다. 그러나 롤러코스터 인생에 설치된 안전대, 즉 믿음을 굳게 붙잡으라. 믿음은 우리를 교만하게도, 헛된 길에 들어서게도 하지 않는다.

우물을 파는 묵상

1. 세상의 모든 일에 다 정한 때와 기한이 있다고 한 전도서 말씀을 기억하는가? 울 때와 웃을 때, 찾을 때와 잃을 때, 찢을 때와 꿰맬 때, 나는 지금 어떤 때를 지나고 있는가?

2. 내게 일어나는 모든 일이 하나님의 섭리 가운데 있음을 인정하는가? 나는 어떤 일 앞에서도 변함없이 하나님만 바라보는 사람인가, 아니면 상황에 따라 마음과 시선을 옮기는 사람인가?

참을 수 없는
잘난 척의 가벼움

내가 다시 해 아래에서 보니 빠른 경주자들이라고 선착하는 것이 아니며 용사들이라고 전쟁에 승리하는 것이 아니며 지혜자들이라고 음식물을 얻는 것도 아니며 명철자들이라고 재물을 얻는 것도 아니며 지식인들이라고 은총을 입는 것이 아니니 _전 9:11

남자들이 모임 장소에서 다른 멤버들에게 어떤 태도를 취할 것인지 결정하는 데 5분이 채 걸리지 않는다고 한다. 상대를 높여주고 존중하는 태도를 취할 것인지, 아니면 자신이 주도적으로 분위기를 이끌 것인지를 그 짧은 시간에 결정한다는 것이다. 사회생활에 익숙한 남자들에게 수직적 관계에 대처하는 것은 더 이상 낯선 일이 아니다. 남자들은 자신이 타고 다니는 차를 통해 자신의 위치를 가늠하고, 상대방이 내민 명함을 살피면서 상대의 위치를 파악한다. 자신이 성공한 사람임을 과시하기 위해 좀 더 넓은 사무실과 고급 승용차를 선택하기도 한다. 한마디로 누군가 나의 진가를 좀 알아줬으면 좋겠다는 거다.

남자를 이끄는 힘

골프를 치는 사람들에게 가장 절망적인 순간은 '나홀로 홀인원'을 하는 순간이라고 한다. 그것은 아마도 본 사람이 없으니 자신의 홀인원을 믿어줄 사람이 없고, 잘난 척하며 자랑할 대상이 없기 때문이겠다. 인생의 부귀영화를 누려 본 전도서 기자는 "모든 사람의 결국은 일반이라"(전 9:3)고 말한다. 남들보다 잘난 인생이 되고 싶어 몸부림치며 살아왔는데 "모든 사람에게 임하는 그 모든 것이 일반이라"(2절)는 것이다.

프랑스 소설가 앙드레 말로(Andre Georges Malraux)는 "우리는 가끔 하찮은 일로 마음을 어지럽힌다. 우리가 이 지상에 머무는 시간은 겨우 수십 년에 불과하다. 그런데 얼마 지나지 않아 잊히게 될 온갖 불평불만을 고민하면서 귀중한 시간을 허비하고 있다. 인생은 시시하게 살기에는 너무도 짧다"고 했다. 이는 남자들의 인생을 잘 대변해 준다. 잘해 보겠다고 성공해 보겠다고 고민하고 갈등했던 시간이, 지나고 보면 부질없었던 적이 어디 한두 번이었는가? 전도서 기자는 "이 모든 것들을 살펴본즉…모두 다 하나님의 손 안에"(1절) 있다고 결론짓는다. 그리고 부질없이 바람을 잡으려는 인생을 살기보다 일상을 기쁨으로 보낼 것을 제안한다(7절). 또한, 사랑하는 배우자와 함께 즐겁게 사는 것이 평생에 해 아래서 수고하고 얻는 몫이라고(9절) 말한다.

사람이 지혜가 부족하여 실패하는 경우는 많지 않다. 대개 사람에게 부족한 것은 성실이다. 전도서 기자는 우리의 인생이 우리의 능력 안에 있지 않고 하나님의 손 안에 있는 이유를 다음과 같이 말한다.

"내가 다시 해 아래에서 보니 빠른 경주자들이라고 선착하는 것이 아니며 용사들이라고 전쟁에 승리하는 것이 아니며 지혜자들이라고 음식물을 얻는 것도 아니며 명철자들이라고 재물을 얻는 것도 아니며 지식인들이라고 은총을 입는 것이 아니니 이는 시기와 기회는 그들 모두에게 임함이니라"(11절). 전도서를 기록한 솔로몬은 인생을 허무주의로 설명하는 것이 아니다. 오히려 그는 바람을 잡으려고 허둥지둥 살아가는 사람들의 허무주의적 삶을 지적하고, 일상의 즐거움을 회복하는 방법에 대해 구체적으로 언급한다. 먼저 자신의 일을 즐거워하고, 그 다음으로 하나님이 선물로 주신 재물과 부요를 누리며 살되, 무엇보다 배우자와 함께 즐겁게 살아가는 것이 참된 행복이라는 것이다.

남자들이여, 아직도 내 인생을 내 뜻대로, 내가 원하는 방식대로 살 수 있다고 생각하는가? 인생에 대한 조급함으로 갈등하고 좌절하며 좌충우돌하는 인생을 언제까지 살 것인가? 우리네 인생은 모두 하나님의 손 안에 있기에, 하나님이 허락하신 일상의 즐거움을 누리고 하나님의 뜻을 이루며 사는 삶이 진정 행복한 인생이다. 모든 것을 누려 본 전도서 기자가 우리에게 마지막으로 전하는 결론을 귀담아 들어보자. "일의 결국을 다 들었으니 하나님을 경외하고 그의 명령들을 지킬지어다 이것이 모든 사람의 본분이니라"(전 12:13).

우물을 파는 묵상

1. 하나님이 우리에게 형통한 날과 곤고한 날을 허락하시는 이유에 대해 생각해 본 적 있는가? 나는 혹시 형통한 날에는 나의 능력을 자랑하고, 곤고한 날에는 하나님을 원망하는 어리석은 사람은 아닌가?

2. 아무도 보는 이 없을 때 나는 어떤 사람인가? 나는 언제나 하나님 앞에서 하나님의 시선을 의식하며 사는 사람인가? 하나님 앞에 서있는 내 모습을 떠올려 볼 때, 내가 돌이키고 고쳐야 할 마음과 행동은 없는가?

거짓 자유로의
회귀 본능

그리스도께서 우리를 자유롭게 하려고 자유를 주셨으니 그러므로 굳건하게 서서 다시는
종의 멍에를 메지 말라 _ 갈 5:1

남자들의 영적 변화는 생활습관의 변화로 이어질 때가 많다. 50대 중
반의 한 집사는 음주가 일상이었고 하루에 담배 두세 갑은 기본이었
다고 한다. 보통의 남자들처럼 그 역시 인생의 목적이 돈을 버는 것
이었고, 즐길 수 있는 한 최대한 즐기고자 안간힘을 쓰며 살았다고 했
다. 그는 자신이 원하는 인생을 살기 위해 몸부림쳤지만, 살면 살수록
자신이 해결할 수 없는 일들이 점점 늘어났고 결국 인생의 밑바닥까
지 내려갔다. 그리고 그곳에서 그는 마침내 예수님을 만났고 지금은
전혀 다른 삶을 살고 있다. 이전에는 돈의 노예가 되어 돈을 좇아 살
았지만 이제는 그리스도 안에서 섬기며 그리스도를 좇아 살아간다.
이전에는 더 높은 명예를 얻기 위해 곳곳을 쉴 새 없이 누볐지만 이제

남자를 이끄는 힘

는 집, 교회, 직장만을 오고간다.

　남자들은 누구보다도 자신이 원하는 인생을 살고 싶어한다. 그리고 자신의 목적을 향해 열심을 내는 사이 자신도 모르게 그것의 노예가 되고 만다. 세상은 이렇게 우리의 작은 욕망을 채워주고 그 대가로 다른 영역들을 사로잡아 노예의 삶을 살게 만든다. 남자들의 욕심이나 욕망을 온전히 만족시킬 수 있는 것은 세상에 없다. 욕심과 욕망은 아무리 채워도 끝까지 채워지지 않기 때문이다. 가까스로 만족하는 순간 이내 새로운 욕망에 사로잡히고 만다. 그러나 그 기준과 방향이 달라지면 우리는 충분히 만족할 수 있고 끝없는 욕망으로부터 자유로울 수 있다.

　세상의 모든 욕심과 욕망은 우리를 죄에 종노릇하게 만든다. 그러나 복음에는 욕망에 약한 남자들을 자유롭게 만드는 힘이 있다. 죄인들을 위해 십자가에서 죽으신 그 사랑으로 우리는 전혀 새로운 삶을 살 수 있게 되었다. 욕망의 사슬에서 벗어날 수 있는 길은 복음이 아닌 다른 것에서 절대 찾을 수 없다(행 4:12). 그리스도께서 우리를 자유롭게 하려고 자유를 주셨다는 말씀은, 그리스도의 십자가 사건이 명백한 역사적 사실임을 입증해 준다(갈 5:1). 더 이상 죄에 종노릇하지 않아도 되는, 그 누구도 문제 삼을 수 없는 완전한 자유가 주어진 것을 의미한다.

　자유로운 삶을 추구하는 남자들에게 사도 바울은 굳건하게 서서 다시는 종의 멍에를 메지 말라(갈 5:1)고 말한다. 욕망으로 얼룩진 기억을 붙든 채 죄의 종으로 살지 말라는 것이다. 진리의 복음은 우리를 자유롭게 할 뿐만 아니라 오늘보다 나은 내일을 기대하며 살게 해준다. 이제는 상황과 여건에 흔들리는 삶이 아니라 환경을 뛰어넘는 굳건한 믿음의 삶을 살아야 한다. 불안과 두려움에 사로잡혀 다시 종의 멍에를 메는 어리석은 선택을 해서는 안 된다. 이제는 나홀로 두려움 가운데 사는 인생이 아니라 그리스도와 함께 사는 든든한 인생이다. 주님이 나와 함께하신다는 약속을 믿고 주님께 모든 것을 맡기며 자유로운 삶을 살아가자(마 11:28-30).

남자들이여, 예수님과 동행한다고 하면서 여전히 욕심과 욕망의 노예로 살고 있지는 않는가? 하나님의 나라와 영광을 위해 살아갈 때 주어지는 자유를 삶 속에서 경험하고 있는가? 붙들고 사는 인생은 곤고하지만 맡기고 사는 인생은 실로 자유롭다. 모든 염려는 예수님께 맡기고 주 안에서 진정한 자유를 누리며 풍성한 삶을 살아가자.

우물을 파는 묵상

1. 예수님을 처음 만났을 때를 떠올려 보라. 예수님을 만나기 전과 후의 내 모습은 어떻게 다른가? 그리고 그 거룩한 변화가 지금도 지속되고 있는가?

....

....

....

....

2. 우리에게 참 자유를 주는 진리를 알고 있는가? 진리 안에서 얻는 자유는 세상의 자유와 어떻게 다른가? 나는 예수님과 동행함으로 참 자유를 누리며 사는 사람인가, 아니면 세상의 자유를 누림으로 여전히 죄에 종노릇하며 사는 사람인가?

....

....

....

....

성공을 향한
일편단심 순애보

그러므로 주 여호와께서 이같이 말씀하셨느니라 그의 키가 크고 꼭대기가 구름에 닿아서 높이 솟아났으므로 마음이 교만하였은즉 _겔 31:10

사람은 누구나 성공하고 싶어한다. 그래서 성공한 사람의 인생 스토리에 귀 기울이고 각종 자기계발서의 내용을 섭렵해 실천하려 애쓴다. 남녀노소 불문하고 현대인들은 모두 성공에 목말라 있다. 특히 이 시대를 살아가는 남자들에게 성공은 인생의 핵심 키워드가 아닐 수 없다. 우리도 언젠가부터 베드로의 순교보다는 그의 설교로 회심한 사람들의 숫자에 관심을 보인다. 연약함으로 실패한 모세보다는 홍해를 가르고 반석에서 물을 터트렸던 모세에게 초점을 맞춘다.

에스겔은 무너진 앗수르를, 에덴에 있는 모든 나무가 시기하는 빛나는 레바논 백향목으로 표현한다(겔 31:9). 레바논 백향목의 "가지가 아름답고 그늘은 숲의 그늘 같으며 키가 크고 꼭대기가 구름에 닿

남자를 이끄는 힘

은"(3절) 모습은 하늘을 찌를 듯했던 앗수르의 위상을 상징한다. "그 나무가 물이 많으므로 키가 들의 모든 나무보다 크며 굵은 가지가 번성하며 가는 가지가 길게 뻗어 나갔고 공중의 모든 새가 그 큰 가지에 깃들이며 들의 모든 짐승이 그 가는 가지 밑에 새끼를 낳으며 모든 큰 나라가 그 그늘 아래에 거주하였"(5-6절)다는 말씀은 당시 앗수르가 경제적으로 풍요롭고 정치적으로 영향력이 컸음을 말해 준다. 하지만 앗수르의 이러한 성공과 번영은 오히려 멸망의 원인이 되고 만다. 이처럼 하나님 없는 성공은 잠시 왔다가 사라지는 아침 안개와 같은 것이다.

세계적인 신용평가사 스탠더드앤드푸어스(S&P)가 밝힌 통계에 의하면 전 세계 기업들의 평균 수명은 15년, 상장기업의 평균수명은 30년가량에 불과하다고 한다. 한 남자가 피나는 노력 끝에 결국 성공했다고 할 때, 그가 그 인생의 정상에서 어느 정도의 시간을 보낼 수 있을까? 어림잡아 짧게는 10년, 길게 잡아도 20년을 넘지 못할 것 같다. 모두가 시기할 만큼 대단했던 앗수르의 위상도 그리 오래 지속되지 못했다. 빛나는 레바논 백향목 같았던 앗수르는 결국 갈대아 연합군과 바벨론에 의해 처참하게 멸망되고 만다.

남자들에게도 잘나가는 시기가 있다. 자신이 꿈꾸던 것을 마침내 이루어 내고, 자신의 생각대로 세상이 돌아가는 듯한 느낌을 받을 때가 있다. 그러나 그 최고의 순간 남자들은 자신이 가장 위험한 시간을 지나고 있음을 기억해야 한다. 모든 것이 내 뜻대로 되는 것처럼 보이는 그 순간, 성공이 자신의 노력으로 얻은 당연한 결과라고 생각할 수 있다. 즉, 하나님 없이 내 능력만으로도 잘 살 수 있다는 교만의 늪에 빠질 수 있다는 것이다. 그리고 한여름 밤의 꿈처럼 성공의 시간이 지나고 나면, 남은 일생을 분노와 좌절 속에서 실패한 사람으로 살아가야 할 수도 있다. 앗수르가 실패의 모델, 경고의 모델이 된 것과 반대로, 우리의 인생은 한때 잘나가던 인생이 아닌 평생을 하나님의 뜻대로 살았던 진정한 성공의 모델이 되어야 할 것이다.

남자들이여, 성공하고 싶은가? 죽도록 노력해서 성공해라. 그러나 절대 잊지 말아야 할 것이 있다. 하나님께 의뢰하지 않고 자신의 능력으로 얻어낸 성공은 아침 안개에 불과하다는 것이다. 진정한 성공은 옆 사람보다 더 잘 사는 것이 아니라 스스로 제대로 살아내는 삶에 있다. 진정한 성공을 이루어 존경받는 인생, 닮고 싶은 그리스도인이 한 번 되어보자. 우리가 예수님을 닮아가고 다른 누군가가 그런 우리를 닮아간다면, 우리의 인생은 한때만 잘나가는 인생이 아니라 평생 승승장구하는 훈훈한 인생이 될 것이다.

남자를 이끄는 힘

우물을 파는 묵상

1. 인생의 롤 모델이 있는가? 있다면 나는 그 사람의 어떤 면을 닮고 싶은가?

_____

_____

_____

_____

2. 하나님 없는 성공이 오래가지 못한다는 것을 실제로 경험한 적 있는가? 영적 세계에도 성공과 실패가 있다. 우리는 크리스천 남성으로서 어떤 성공을 꿈꿔야 하겠는가?

_____

_____

_____

_____

_____

출처를 알 수 없는
두려움

예수께서 잠이 드셨더니 마침 광풍이 호수로 내리치매 배에 물이 가득하게 되어 위태한
지라 제자들이 나아와 깨워 이르되 주여 주여 우리가 죽겠나이다… _눅 8:23-24

그동안 '남자'라는 단어는 힘과 권력의 상징이었다. 그런데 신앙생활
에서는 한 발짝 물러나 마누라 따라서 교회만 왔다 갔다 하는, 이름값
못하는 남자들이 있다. 무려 10년 동안 '이름만 성도'였던 한 남자를
기억한다. 처음에 그는 아내를 교회 정문 앞까지 데려다주는 '주일용
운전수'였고, 지난 5년간은 그나마 '수면제 먹은 예배자'로 예배당을
오갔다. 그러던 그가 어느 날 은혜를 받아 제대로 된 신앙생활을 시작
한 것이다. 아내가 눈물을 흘리며 기도하면 자신 때문에 우는 것 같아
괜히 짜증내던 남자가, 이제는 하나님의 은혜가 무엇인지 알겠다며
아내에게 미안해한다.

　　예수님께서 열두 명의 남자들과 함께 배에 타고 있었다. 예수님은
이내 잠이 드셨고, 때마침 광풍이 불어 물결이 출렁이자 배에 물이 가
득하게 되었다. 위기일발의 순간이었다. 그런데 예수님은 여전히 곤

남자를 이끄는 힘

히 주무시고 계셨다. 열두 명의 남자들은 심히 다급해져서 "주여 주여 우리가 죽겠나이다"(눅 8:24) 하며 예수님을 깨웠다. 많은 기적을 베푸셨던 분이 그들과 함께 있었음에도 제자들은 떨며 두려워하고 있었다. 풍랑 속 배 안에 갇힌 제자들의 얼굴에서 오늘날 남자들의 두려움에 찌든 표정이 스치는 것은 왜일까?

남자들은 어려서부터 치열한 경쟁 속에 살아왔다. 학교에 들어가기 위해, 직장에 들어가기 위해, 때에 맞게 승진하기 위해 늘 시험을 치러왔다. 시험에서 남들에게 밀리면 원하는 학교와 직장에 들어갈 수 없고, 심지어 다니던 회사를 떠나야 하는 경우도 생긴다. 그래서인지 대부분의 남자들은 어렵게 올라온 이 자리에서 누군가에게 밀리면 안 된다는 긴장감과 막연한 두려움을 안고 살아간다. 예상치 못한 인생의 풍랑이 자신의 삶을 흔들지는 않을까 염려한다. 풍랑 속 배 위에 있던 열두 명의 남자들 중에 노련한 어부가 몇몇 있었다. 그런데 그들은 자신들이 할 수 있는 것이 무엇인지 생각하기는커녕 사나운 풍랑과 배 안에 들어찬 물 앞에 그저 발만 동동 구를 뿐이었다.

이처럼 남자들은 삶에 대한 두려움을 안고 살아간다. '가족들에게 필요를 제공하지 못하는 상황에 처하면 어떻게 하지? 혹은 '지금 당장 건강에 큰 이상이 생기면 어떻게 하지? 하는 염려가 떠나지 않는다. 남자들이 가끔 자신의 능력으로는 상상할 수 없을 정도의 비현실적인 꿈을 이야기하는 것도 이 때문인지 모른다. 미래에 대한 막연한 두려움에서 벗어나고자 스스로에게 애써 긍정적인 메시지를 보내는 것이다. 생명을 위협하는 풍랑 가운데서 제자들은 죽겠다고 아우성을 쳤지만 예수님은 여전히 평안하셨다(23절). 제자들은 병을 고치고 귀신을 내어쫓는 예수님은 보았지만, 사나운 물을 잠잠하게 하시는 예수님은 보지도 못했고 상상할 수도 없었다. 보지 못하고 경험하지 못한 것에 믿음을 갖기란 어려운 일이다. 하지만 이것이 바로 믿음 없는 남자들의 한계다. 자신이 보고 경험한 것만 믿는 것은 온전한 믿음이 아니다. 그 열두 명의 남자들에게는 예수님에 대한 온전한 믿음이 없었다. 광풍의 위력으로 그들에게 닥칠 수 있는 위험은 본능적으로 알았지만, 파도를 잠잠하게 하시는 예수님의 권세에 대해서는 그 누구도 생각하지 못했다. 노련한 어부들이었기에 그 정도의 풍랑이라면 배를 뒤집을 수도, 사람을 집어삼킬 수도 있다는 것을 잘 알고 있었다. 하지만 그들은 자신의 경험과 지식에 갇혀 예수님의 능력을 바라보지 못했기에, 순식간에 찾아온 두려움에 지배당하고 말았다.

남자들이여, 인생에 거센 광풍이 불어오고 있는가? 사나운 풍랑이 몰아치는 바다 같은 인생이지만, 예수님과 함께 있으면 두려움이 아닌 평안을 붙잡을 수 있음을 기억하자. 당장 나를 넘어뜨릴 것 같고 죽일 것 같은 일들이 수시로 에워싸며 위협할 수 있다. 그러나 나를 구원하신 예수님은 내가 휘몰아치는 광풍에 휘둘려 좌절의 깊은 바다에 빠지도록 내버려 두시지 않는다. 예수님에 대한 믿음으로 인생의 광풍을 당당하게 맞서는 남자들이 되자.

우물을 파는 묵상

1. 현재 나를 가장 두렵게 만드는 일은 무엇인가? 그 일은 이미 일어난 일인
   가, 아니면 아직 일어나지 않은, 어쩌면 일어날 가능성이 그리 높지 않은
   일인가?

   _____

   _____

   _____

   _____

2. 인생의 광풍이 불어올 때 예수님이 나와 함께하신다는 것을 믿는가? 나와
   한 배를 타고 계신 예수님이 내 인생의 풍랑을 잠잠케 하실 수 있는 분임
   을 온전히 신뢰하고 있는가?

   _____

   _____

   _____

   _____

   _____

   _____

행복은
재물순이 아니잖아요

그러나 그는 지혜 있는 자도 죽고 어리석고 무지한 자도 함께 망하며 그들의 재물은 남에게 남겨 두고 떠나는 것을 보게 되리로다 _시 49:10

인류의 역사를 돌아볼 때, 인간이 결코 포기할 수 없었던 것들 중 하나가 바로 영원에 대한 열망이다. 나이가 들면 누구나 겪는 노화도, 자연의 순리에 따라 찾아오는 죽음도 순순히 받아들이려 하지 않는다. "우리는 천국을 바라보고 사는 나그네 같은 인생"이라며 입버릇처럼 고백하던 신앙인들도 막상 죽음 앞에서는 당황하고 두려워한다. 이 땅에서 물질과 환경을 잘 관리하는 청지기의 삶을 살겠다고 고백하지만 자신의 이익을 위해서라면 물불 가리지 않는다. 그야말로 들어도 (hearing) 듣지(listening) 못하고 믿는다고(believing) 하면서도 제대로 믿지 (faith) 못하는 반쪽짜리 믿음으로 살아가는 것이다.

대부분의 남자들은 저 푸른 초원 위에 그림 같은 집을 짓고 자신만의 세상을 살고 싶어한다. 그리고 재물이 성공의 척도이고 행복의 기준이라고 생각한다. 한편, 시편 기자는 재물의 실체를 하나하나 이야기한다. 재물은 사람의 영혼을 구원하지 못하고(시 49:7), 영생을 얻게 하지 못하며(9절), 음부로 갈 때 그 영광이 소멸되고(17절), 사후에 기억할 자가 아무도 없다고 말한다. 본래 하나님은 우리를 가장 존귀한 피조물로 창조하시고, 하나님과 교제하는 존귀한 백성으로 살게 하셨다. 하나님을 사랑하지 않고 재물과 부귀만을 좇는 영혼은 짐승보다 나을 것이 없다(20절).

오늘이 내 남은 생애의 첫날이자 마지막 날이 될 수도 있음을 기억하는 사람은, 이 땅에서의 내 집이 영원한 거처가 아님을 안다. 남자들의 인생이 고달픈 것은 소유에 대한 잘못된 생각 때문이다. 어리석은 남자들은 중요하게 여겨야 할 것을 뒤로 한 채, 영원히 소유할 수 없는 헛된 것에 집착하며 모든 것을 쏟아 붓는다. 연일 새로운 것들이 쏟아져 나오는 세상을 살면서 소유를 통해 만족을 얻으려 한다는 것 자체가 어리석은 생각이다. 소유를 통한 기쁨은 그 순간 잠깐이기 때문이다. 그렇다고 무소유의 삶을 살자는 것은 아니다. 크리스천 남자들은 무소유가 아닌 '참 소유' 인생을 살아야 한다. 내가 가진 것을 감사함으로 누리고 사용하되, 가난하고 연약한 사람들에게 나누어 줄 수 있어야 한다. 나눔은 내가 가진 것의 일부를 포기하는 것이 아니라 더 가치 있는 소유를 시작하는 길이다.

남자들이여, 영원히 소유하지 못할 것들을 붙들기 위해 몸부림치고 있지는 않는가? 오늘부터라도 참 소유의 삶을 살자. 내가 받은 것을 감사함으로 누리고, 나눔을 통해 누군가에게 행복을 선물하자. 움켜쥐고 뒤뚱거리는 삶이 아닌 나눔의 기쁨을 누리는 삶을 살자. 나의 작은 나눔이 누군가의 눈물을 닦아 줄 수 있다. 그리고 그 순간 나는 참 소유와 나눔을 통한 더 큰 행복을 소유할 수 있다.

우물을 파는 묵상

1. 크리스천 중에도 물질적으로 가난한 사람이 있고 부유한 사람이 있다. 그 두 사람을 향한 하나님의 뜻은 무엇인지 생각해 본 적 있는가?

_____

_____

_____

_____

_____

2. 우리는 하나님이 우리에게 맡기신 물질과 환경을 잘 관리해야 하는 사명을 가진 자들이다. 거룩한 청지기로서의 사명을 감당하기 위해 나는 어떠한 노력을 하고 있는가?

_____

_____

_____

_____

_____

내 안의
'오페라의 유령'

너희는 무지한 말이나 노새 같이 되지 말지어다 그것들은 재갈과 굴레로 단속하지 아니
하면 너희에게 가까이 가지 아니하리로다 _시 32:9

사람은 나이가 들수록 고집이 늘고 자신만의 가면을 자주 쓴다. 둘
다 자기의 생각과 감정을 감추는 행동이다. 사람을 뜻하는 단어 '펄
슨'(person)의 어원은 라틴어 '페르소나'(persona, 가면)이다. 페르소나는 '학
생다움', '남자다움', '여자다움'처럼 남들이 기대하는 나의 모습을 말한
다. 이는 어쩌면 본래의 나(self)와 대비되는 모습일 수 있다. 남자들은
나이가 들수록 자신의 모습을 있는 그대로 받아들이기보다, 남들에게
보이고 싶은 모습이 실제 자신의 모습인 것처럼 이상화하는 경향이
있다. 남자들은 왜 그렇게 가면을 쓰고 살려고 할까? 그 속에는 초라
한 영웅이 되고 싶지 않은 마음이 있다. 인생을 잘 살았다고 믿고 싶
고 남들에게도 그렇게 인정받기 원하는 것이다. 가면을 쓰고 사는 인

생은 힘겹다. 내가 아닌 나의 삶을 살아야 하기 때문이다.

한편, 시편 기자는 무지한 말이나 노새 같이 고집스럽게 살지 말라고 권면한다(시 32:9). 말이나 노새는 자갈이나 굴레 같이 강제적인 힘을 가해야만 주인의 말에 순종하는 짐승들이다. 특별히 나이 든 남자들은 자신의 연약함을 인정하지 않으려는 고집을 버려야 한다(3절). 무지한 말처럼 자신에게 강력한 자극이 주어져야만 움직이는 자에게 행복이란 없을 것이다. 남자들은 스스로 입을 열어 하나님께 자복해야 한다. 남자들이 가면을 벗어 던지고 마음과 입을 열어 고백할 때 그 삶에 진정한 변화가 일어난다. 자신만의 방식과 틀을 여전히 고집하면서 다른 사람들이 순순히 자신을 따라오기 바라는 욕심은 내려놓자.

남자들이 오랜 고집을 버리는 대신 채워야 할 습관이 있다. 그것은 바로 하나님 앞에 머물러 기도하는 습관이다. 리처드 포스터(Richard Foster)는 기도에 대해 다음과 같이 말한다. "기도하는 것은 변화하는 것입니다. 기도는 하나님께서 우리를 변화시키기 위해 사용하시는 주된 방법입니다. 우리가 변하지 않으려고 고집한다면, 이것은 우리 삶의 두드러진 특징으로서 기도를 포기하는 것이 됩니다. 더 많이 기도할수록, 우리는 하나님의 마음에 가까워집니다. 기도는 우리와 하나님과의 대화의 시작입니다. 인생의 모든 선택사항들은 우리 앞에 놓여 있습니다. 이 순간 우리는 우리의 기도생활을 포기하고 성장을 멈추든지, 아니면 우리의 기도생활을 추구하여 주님께서 우리를 변화시키게 하든지 할 것입니다. 어느 선택이든 고통스럽습니다. 그분의 형상으로 성장하지 않는 것은 그분의 풍성함을 누리지 못하는 것입니다. 이런 일이 일어날 때, 세상의 우선순위들이 사라져 버립니다."

시편 기자는 우리의 허물을 하나님께 자복하면 우리는 곧 죄 사함을 받는다고 호소한다(5절). 그리고 하나님을 만날 기회를 얻어 나아가 기도하는 자에게는 범람하는 홍수도 미치지 못할 것이라고 단언한다 (6절). 무지한 말과 노새와 같이 잘못된 고집을 가지고 살아가는 사람들의 삶은 그저 슬플 뿐이다. 그러나 고집을 내려놓고 하나님을 신뢰하는 자들의 삶에는 그분의 인자하심이 따른다(10절).

남자들이여, 무지한 말이나 노새와 같이 자극을 받아야만 움직이는 고집스러운 면이 있는가? 나의 필요 없는 고집이 다른 사람들을 불편하게 만들지는 않았는가? 힘들고 어려운 이웃을 섬기고 돌보는 일에도 '착한 고집' 한번 부려 보자. 착한 고집은 나뿐만 아니라 많은 사람들을 기쁘고 즐겁게 만들어 준다(11절).

남자를 이끄는 힘

우물을 파는 묵상

1. 나는 혹시 교회에서의 모습과 가정에서의 모습이 다른 사람은 아닌가? 남
   들에게 보이기 위한 언행이 습관으로 자리 잡은 것은 없는지 스스로 돌아
   보자.

   _____

   _____

   _____

2. 사람은 누구나 자신만의 고집을 가지고 있다. 자기 자신을 성장시키는
   '착한 고집'과 남들을 불편하게 만드는 '나쁜 고집'을 각각 떠올려 기록해
   보자.

   · 착한 고집 :

   _____

   _____

   · 나쁜 고집 :

   _____

   _____

성인병을 부르는
소금생각(鹽慮), 염려(念慮)

빌립이 대답하되 각 사람으로 조금씩 받게 할지라도 이백 데나리온의 떡이 부족하리이다 _요 6:7

남자들은 치열한 경쟁 속에 살아간다. 무한경쟁은 미래에 대한 두려움을 낳고, 그 두려움은 생활 속 염려로 자리 잡는다. 염려는 흔들의자와 같아서 마음만 이리 저리 흔들어 놓고 더 이상 앞으로 나아가지 못하게 한다. 염려는 우리의 생각을 마비시켜 문제 해결의 실마리를 찾지 못하게 만든다. 염려는 생각의 엔진을 공회전하게 해 같은 자리에서 에너지와 시간만 소모하게 만든다. 염려는 문제를 부풀려 과장시키기도 한다. 염려가 들어서는 순간 문제가 더 크게 느껴진다. '염려클럽의 준회원이 정회원으로 승격되는 순간 아무것도 아닌 작은 일들까지도 어느새 큰 문제로 둔갑한다. 솜사탕처럼 부풀려진 염려에 이러지도 저러지도 못하는 최악의 상태가 되고 마는 것이다.

남자를 이끄는 힘

예수님은 많은 무리들을 먹이는 일로 빌립을 시험하셨다. 빌립은 갈릴리 출신이었고 시장과 지리 정보에 밝은 사람이었다. 자신의 지식과 경험을 의지했던 빌립은, 현실적인 염려와 함께 불가능하다는 대답을 예수님께 드렸다. 안드레 역시 보리떡 다섯 개와 물고기 두 마리를 예수님께 가져오면서 "그러나 그것이 이 많은 사람에게 얼마나 되겠사옵나이까"(요 6:9) 라고 말했다. 가나안 혼인잔치에서 있었던 포도주 사건(요 2:1-11)을 까마득하게 잊은 채 현실적인 계산 앞에 골몰하고 있었던 것이다.

자신이 암으로 죽을지도 모른다고 40년 동안이나 염려했던 한 70세 여성이 결국 폐렴으로 죽었다고 한다. 그런데 진단 결과 밝혀진 것은, 그 여인은 일어나지 않을 일을 염려하면서 33년을 낭비했다는 사실이다. 마음의 염려는 단지 우리의 마음 상태를 보여주는 것이다. 마음속 생각만 바꾸면 얼마든지 염려를 툴툴 털어낼 수 있다. 염려는 하나의 생각에 관련된 버릇이다. 염려는 수년 동안 되풀이된 실수와 실패, 충족되지 못한 기대 때문에 생겨난다. 인생이 늘 우리의 뜻대로만 흘러가는 것이 아님을 경험하면서부터 염려하는 버릇이 생긴 것이다.

우리 주위에는 염려를 전염시키는 모델들이 많다. 자녀들은 주로 부모의 염려를 물려받는다. 염려가 많은 부모 밑에서 염려 많은 자녀가 성장한다. 염려하는 버릇을 없애려면 염려해봐야 아무런 소용이 없다는 것을 먼저 인식해야 한다. 염려 자체에는 해결 능력이 없다. 염려한다고 상황이 바뀌지 않는다. 과거를 바꿀 수도 없고 미래를 조정할 수도 없다. 근심과 염려는 오히려 스스로를 불행하게 만들 뿐이다. 누구에게나 염려가 찾아올 수 있다. 그러나 염려가 나를 정복하도록 두어서는 안 된다.

남자들이여, 염려한다고 달라진 것이 있었는가? 염려는 믿음 없음의 증표이다. 예수님을 바라보지 않는 사람은 항상 염려 가운데 살 수밖에 없다. 나와 함께하시는 예수님이 아닌 현실을 바라보는 순간, 우리는 염려병에 걸린 그리스도인이 되고 말 것이다. 염려 바이러스에게 정복되지 않도록 말씀을 단단히 붙잡자.

우물을 파는 묵상

1. 염려는 뼈를 상하게 하고 마음을 병들게 한다. 내 머릿속을 떠나지 않는 염려거리는 어떤 것들이 있는가?

2. 염려 자체에는 아무런 해결 능력이 없다. 그럼에도 불구하고 수시로 밀려 드는 염려를 해결하는 방법에 대해 구체적으로 생각해 보자.

영적 복부비만,
자만심

애굽인의 정신이 그 속에서 쇠약할 것이요 그의 계획을 내가 깨뜨리리니 그들이 우상과
마술사와 신접한 자와 요술객에게 물으리로다 내가 애굽인을 잔인한 주인의 손에 붙이리
니 포학한 왕이 그들을 다스리리라 주 만군의 여호와의 말씀이니라 _사 19:3-4

자신을 행복한 사람이라고 느끼게 하는 심리적 요인 중에 하나가 '자
존감'이다. 자존감이 높은 사람은 자신이 얼마나 가치 있고 소중한 사
람인지 스스로 인식하며 살아간다. 자존감이 높은 사람은 다른 사람
에게 비난을 받을 때, 그 사람의 관점을 존중함으로 자신을 객관적으
로 이해하고 발전시키는 기회로 삼는다. 이처럼 자존감이 높은 사람
은 위기 가운데서도 쉽게 흔들리지 않는다.

　반면 '자만심'은 자기 자신의 세계에 빠져서 스스로를 우상화한다.
주위를 돌아보면 자존감이 높은 사람들보다 자만심이 높은 사람들을
더 쉽게 볼 수 있다. 그런데 자존감이 낮은 사람들은 대체로 자만심이

높다. 스스로를 강하고 위대하다고 믿고 싶은 남자들이 자만심에 빠지기 때문이다.

애굽은 많은 우상과 신, 술법을 가지고 있었고(창 43:32), 강력한 왕과(대하 12:2) 기름진 땅과 풍부한 소산(사 23:3)을 가지고 있었으며 직조기술도(겔 27:7) 뛰어났다. 또한 모사2)의 지혜와 학문이 뛰어났다(행 7:22). 이처럼 애굽의 많은 자랑거리는 높은 자존감의 근거라기보다는 자만심의 상징이었다. 이에 하나님은 애굽의 자랑거리를 치시고 그들의 자만심을 심판하실 거라 경고하셨다. 애굽의 우상들이 하나님 앞에서 떨 것이고(사 19:1), 애굽 사람들이 잔인한 군주의 손에 붙을 것이며(4절), 가뭄으로 나일 언덕의 초장과 곡식밭이 말라서 없어질 것이라고(7절) 말씀하셨다. 뿐만 아니라 세마포 만드는 이와 백목 짜는 자들이 수치를 당할 것이며(9절), 가장 지혜로운 모사가 우둔해져 애굽 사람들을 잘못 인도할 것이라고(14절) 예언하셨다. 자랑거리가 오히려 심판의 이유가 된 것이다.

남자들이여, 그대는 자존감이 높은 사람인가, 아니면 자만심으로 가득 찬 사람인가? 많은 것을 가졌다고 자존감이 높은 것은 아니다. 보잘 것 없는 것을 가지고도 소중하게 여기며 감사하는 사람이 자존감이 높은 사람이다. 내가 소유한 모든 것들은 나의 노력의 결과가 아니라 하나님의 은혜이고 축복이라는 사실을 고백하며 살아가는가?

---

2) 꾀를 써서 일이 잘 이루어지게 하는 사람

이러한 고백이 있다면 당신은 자존감이 높은 사람이다. 자존감이 높은 사람은 하나님의 은혜를 알기 때문이다. 하나님께서 나를 구원하셨을 뿐만 아니라 나를 사랑하시고 나와 함께하신다는 사실을 아는 사람은 영적 자존감이 높다. 내가 가진 것보다 내게 베푸신 하나님의 사랑에 더 감격하며 매일을 힘 있게 살아가는 남자들이 되자.

우물을 파는 묵상

1. 자존감과 자만심의 상관관계에 대해 생각해 본 적 있는가? 나는 크리스천
   으로서 자존감이 높은 사람인가, 아니면 자만심으로 가득 차 요란한 빈 수
   레와 같은 사람인가?

2. 하나님께 받은 복으로 어떤 것들이 있는가? 그 복이 하나님께로부터 왔음
   을 인정하며 겸손하게 살고 있는가, 아니면 영영 내 소유인 것처럼 으스대
   며 교만하게 살고 있는가?

내가 보기에,
심히 좋았더라

사람이 자기를 위하여 경배하려고 만들었던 은 우상과 금 우상을 그날에 두더지와 박쥐에게 던지고 _사 2:20

1800년 5월 2일 나폴레옹은 "내 사전에 불가능은 없다"고 외치며 알프스 계곡을 넘었다. 그러나 그는 그로부터 21년 후인 1821년 5월 5일에 유배지 세인트헬레나 섬에서 사망하고 만다. 그가 스스로 인생의 끝을 예측했더라면 어땠을까? 여전히 거침없는 인생을 살았을까, 아니면 더 난폭한 폭군이 되었을까?

남자들에게는 자신의 힘으로 세상을 살아갈 수 있다는 근거 없는 자신감이 있다. 오스왈드 챔버스(Oswald Chambers)의 말에 따르면, 대부분의 사람들은 나름대로의 도덕적 기준을 가지고 있다고 한다. 그런데 도덕적 삶을 살아가는 데 있어 가장 큰 문제점은, 우리가 내린 최선의 선택을 하나님의 뜻으로 결론짓고 하나님과 자신을 기만하는 데 있다. 나 역시, 내 눈에 선하고 좋아 보이는 것을 하나님의 뜻으로 포장한 적이 더러 있다. 그러나 '선한 생각'과 '하나님의 뜻'에는 분명 큰 차이가 있다.

한 예로 부동산 투자자가 하나님이 주신 소명이라고 믿고 사는 남자가 있다. 중요한 거래 전 그는 자신이 보기에 좋은 방향을 이미 정한 후, 다음과 같이 하나님께 기도를 드린다고 한다. "하나님, 이 거래를 성사시켜 주시면 하나님께 그 이익을 돌려 드리겠습니다. 모든 것이 합력하여 선을 이루게 해주십시오. 결국 하나님께도, 제게도 좋은 일이지 않습니까!" 이는 '계획 후 기도하기'의 딱 좋은 예다. 그는 하나님께 자신의 삶을 의탁하기는커녕, 오히려 그분이 자신의 얄팍한 생각을 따라 주시기를 요구한 것이다.

남자들은 자신의 계획을 이루는 일에 하나님이 부지런히 움직여 주시기를 기대한다. 그리고 실패한 뒤에는 하나님이 자신을 돌보지 않으셨다고 도리어 하나님을 원망한다. 하나님의 뜻대로 살지 않은 것이 실패의 원인임에도 정작 자신의 잘못을 알지도 인정하지도 못하는 것이다. 이처럼 남자들이 빠지기 쉬운 함정 중의 하나가, 하나님의 뜻을 헤아리지 않고 주도적으로 계획을 세우는 것이다.

이사야 선지자는 "자고[3]한 자는 굴복되며 교만한 자는 낮아지고 여호와께서 홀로 높임을 받으실 것이요 우상들은 온전히 없어질 것이며 사람들이 암혈과 토굴로 들어가서 여호와께서 땅을 진동시키려고 일

---

3) 스스로 높은 체하거나 높이 여김

어나실 때에 그의 위엄과 그 광대하심의 영광을 피할 것이라 사람이 자기를 위하여 경배하려고 만들었던 은 우상과 금 우상을 그날에 두 더지와 박쥐에게 던지고 암혈과 험악한 바위 틈에 들어가서 여호와께서 땅을 진동시키려고 일어나실 때에 그의 위엄과 그 광대하심의 영광을 피하리라 너희는 인생을 의지하지 말라"(사 2:17-22)고 경고한다.

하나님을 의지하는 사람은 하나님이 계신 곳을 찾아 그곳에서 하나님과 함께하기를 원한다. 그러나 인생을 의지하는 사람은 자신의 계획과 필요를 열심히 아뢰며 하나님이 그대로 이루어 주시기를 바란다.

남자들이여, 그대들은 인생을 의지하는가, 아니면 하나님을 의지하는가? 일을 시작하기 전에 먼저 하나님께 의탁하며 그분의 도우심을 구하는가, 아니면 자신의 계획대로 열심히 움직이다가 어려움이 닥치면 그때서야 하나님께 구조 요청을 하는가? 하나님은 위기 때만 달려오는 119구조대원이 아니다. 내 생각을 가지고 하나님을 움직이려 하는 인생은 염려를 짊어지고 살 수밖에 없다. 유한한 인생이 전능하신 하나님을 움직이려 하니 그보다 더 큰 염려가 세상에 어디 있겠는가?

1. 나는 하나님의 음성을 듣는 삶을 살고 있는가? 하나님의 뜻을 분별하는 나만의 기준으로 어떤 것들이 있는지 기록해 보자.

   ....

   ....

   ....

   ....

2. 나는 내 입장에서 좋은 편을 미리 계산하고 결정한 후에, 그제야 하나님께 기도하지는 않는가? 내가 보기에 좋은 것과 하나님이 보시기에 좋은 것이 다를 때가 많다. 나의 선한 생각과 하나님의 뜻이 일치하지 않음을 경험한 적 있는가?

   ....

   ....

   ....

   ....

   ....

chapter **2**

떠나거나.
떠   나
보내거나

옛사람 증후군

새들을 보아라.
얽매일 것 없이 자유롭고,
업무에 속박되지 않으며,
하나님이 돌보시니 염려가 없다.

그분께 너희는
새들보다 훨씬 더 중요하다.

요한복음 15장 16절, 메시지

홈리스 증후군_
"주렁주렁 짊어진, 무거운 중년(重年)이여"

마르다야 마르다야 네가 많은 일로 염려하고 근심하나 몇 가지만 하든지 혹은 한 가지
만이라도 족하니라 마리아는 이 좋은 편을 택하였으니 빼앗기지 아니하리라 하시니라 _
눅 10:41-42

책상 주변을 둘러보면 여기저기 책이 가득 쌓여 있다. 처음에는 텅 빈
공간에서 책장의 책들도 여유가 있었다. 이제는 책장 위에도 책이 올
려져 있고 벽마다 책장이 놓여 있다. 쉽게 정리될 것 같지 않은 공간
에 앉아서 생각했다. '이렇게 많은 책들이 과연 다 필요한가?'

며칠 전 방을 정리했다. 책을 비롯하여 크고 작은 물품들을 일단 빈
박스에 담았다. 하지만 이것은 이래서 필요하고 저것은 저래서 필요
할 것 같아, 결국 하나씩 제 자리로 돌려놓다 보니 도무지 정리가 되지
않았다. 마치 나 자신을 보는 것 같았다.

중년의 인생은 그 자체로 복잡하다. 정리를 포기한 가방처럼 온갖

남자를 이끄는 힘

물건들이 뒤죽박죽 섞여 있는 것 같다. 자신의 내면도 복잡하고 주변 상황도 복잡하다. 자신의 짐을 모두 지니고 다니는 홈리스(homeless)처럼 인생의 짐을 주렁주렁 짊어지고 낑낑대며 살아간다. 어느새 중년(中年)은, 무거운 중년(重年)이 되어 버렸다.

40대 초반의 한 방송인은 자신이 어떤 꿈을 꾸며 미래를 준비해야 할지 모르겠다며, 마흔을 살아가고 있는 것에 힘겨워했다. 남들이 부러워할 만한 전문직에 종사하면서도 정작 자신을 깊이 들여다볼 마음의 여유는 갖지 못했다고 한다. 휴일이면 무엇을 할지 허둥대며 그냥저냥 시간을 보내기 일쑤였다고 한다. 그 시간을 자신을 찾는 시간으로 활용하지 못했다며 그는 후회했다. 그는 인생의 보물섬이 존재한다면 그곳에서 가장 찾고 싶은 것이 바로 '자기 자신'이라고 했다.

나를 찾지 못해 허둥대는 중년을 두 부류로 나눌 수 있다. 내 인생의 목마름을 채우기 위해 부단히 애쓰며 사는 사람들, 그리고 자신에게 있는 것을 남들에게 과시하는 즐거움으로 사는 사람들이다. 목마름을 채우기 위해 허덕이는 인생에는 만족함이 없다. 이곳 저곳 기웃거려 보지만 어느 곳에서도 목마름을 해결할 수 없다. 자신이 가진 온갖 화려한 것들을 자랑하며 과시하는 인생 역시 잠깐의 즐거움을 맛볼 뿐이다. 한 편은 갖지 못해서 만족함이 없고 다른 한 편은 너무 많은 것들을 가졌음에도 만족함이 없다. 전혀 다른 삶인 것 같지만 둘 다 자신을 돌아볼 여유가 없는 인생이다. 목마름을 채우느라, 자신을 과시하느라 분주하게 살다 보니 정작 나를 나답게 만들어 주는 여유를 갖지 못하는 것이다.

나를 찾는 여유는 시간이 많아야 가질 수 있는 것이 아니다. 분주한 일상 속에서도 가장 중요한 일 외에 나머지를 포기할 수 있을 때 비로소 가질 수 있다. 내가 하고 싶은 것들을 모두 성취하고 난 뒤는 이미 늦다. 가령 집 안에 화재가 났을 때 피신하기 전 꼭 챙겨야 할 가장 중요한 물건을 떠올리듯, 내게 가장 중요한 일 몇 가지를 제외하고는 기꺼이 포기할 수 있는 용기가 필요하다.

현대인들은 너무나 많은 것들을 붙잡고 살아간다. 경제적으로는 어느 정도 여유가 있어 보이지만 그 인생을 들여다보면 내면에 쉼과 여유를 찾아보기 어렵다. 우리는 잠깐의 만족을 위해 인생의 여유를 포기하며 살아가고 있는 것이다. 내 삶의 의미를 찾은 사람은 더 이상 불필요한 것들을 붙들고 살지 않는다. 적게 먹으면 몸이 편안해지듯 분주한 생각이 단순해지면 마음이 평온해진다. 분주한 일상을 단순하게 만들면 내 삶에 진정한 목적과 가치를 발견할 수 있다. 생각과 마음을 숨 쉬게 하는 잠깐의 여유는 나를 찾는 통로가 된다.

남자들이여, 그동안 주렁주렁 짊어지고 있던 불필요한 짐들을 모두 내려놓고, 잃었던 중년의 여유를 되찾아 진짜 내 인생을 한번 살아보자.

우물을 파는 묵상

1. 나는 내 인생의 의미를 다른 사람들의 인정과 반응에서 찾고 있지는 않는가? 나는 나의 어떠함과 관계없이 있는 그대로의 나를 인정하고 귀히 여기시는 분을 알고 있는가?

2. 나는 오늘 생각의 짐들을 주렁주렁 짊어진 채 스스로 여유 없는 삶을 살고 있지는 않는가? 하루에 딱 세 가지 일만 할 수 있다고 가정해 보자. 그리고 그 세 가지 일을 추려서 한번 기록해 보자.

은혜망각 증후군_
"하나님, 저…기억하세요?"

내 마음이 내 속에서 심히 아파하며 사망의 위험이 내게 이르렀도다 두려움과 떨림이
내게 이르고 공포가 나를 덮었도다 _시 55:4–5

쌓아도 쌓이지 않는 건조한 모래처럼 지속적으로 무너지는 마음을 가
지고 살 때가 있다. 사람에게 배신을 당하거나 오랜 시간 최선을 다해
준비한 일이 실패로 끝나버릴 때, 남자들은 스스로 무너진다. 깜깜하
고 좁은 공간에 갇혀 속이 터져 죽을 것만 같은 답답함과 두려움에 눌
릴 때도 있다. 그래서 별것도 아닌 일에 큰 소리를 내거나 순간의 화
를 참지 못해 오랜 관계를 망쳐버리기도 한다.

　다윗은 아들에게 배신을 당한 것도 모자라, 가장 신임하던 친구이
자 부하인 아히도벨의 반역으로 쫓기는 상황에 처한다. 그는 죽음의
위협 속에서 "두려움과 떨림이 이르고 공포가 나를 덮었도다"(시 55:5)
고 고백한다. 다윗의 상심과 두려움은 온몸이 사시나무 떨듯 부들부

　　　　　　　　　　　　　남자를 이끄는 힘

들 떨리는 상태에까지 이르렀다. 이 두려움은, 가장 가까운 사람들의 반역으로 인한 상실감과 하나님이 자신을 징계하셨다는 것 자체의 아픔에서 비롯된 것이었다. 그야말로 대책이라고는 찾아볼 수 없는 일생일대의 위기였다.

사람은 누구나 힘들고 어려운 상황에서 벗어나고 싶어한다. 다윗은 "내게 비둘기 같이 날개가 있다면 날아가서 편히 쉬리로다"(6절) 하고 두려움으로 가득 찬 상황에서 도피하고 싶은 마음을 표현한다. 저 높은 하늘로 훨훨 날아가 버리고 싶은 마음에 숨 쉬는 것조차 무겁게 느껴졌을 것이다. 그런데 다윗의 마음을 더 힘들게 한 것은 지난 시절의 행복했던 추억일 것이다. 가장 가까운 친구이자 동료인 아히도벨과 거사를 의논하고 함께 하나님께 제사를 드렸던 추억 말이다. 지난 시절을 생각할수록 친구의 반역과 배신이 더 아프게 느껴졌을 것이다. 저녁과 아침과 정오에 근심하여 탄식한다는 고백(17절)에서 근심하며 하루를 보내는 다윗을 떠올려 본다.

이렇게 다윗의 인생은 무너졌지만 그렇다고 그의 신앙까지 무너진 것은 아니었다. 인생의 풍랑이 다윗을 두려움에 빠뜨리고 절망과 낙심 가운데 가두었지만, 하나님을 향한 그의 믿음만큼은 어찌하지 못했다. 행복한 추억을 함께 나누었던 자식과 친구는 다윗을 배반하고 떠났지만, 예부터 지금까지 다윗과 함께하시며 그를 보호하셨던 하나님은 여전히 그의 곁에 계셨다. 다윗은 두려움의 짐을 스스로 질 수 없어 힘들어하는 자신에게 이같이 선언한다. "네 짐을 여호와께 맡기라 그가 너를 붙드시고 의인의 요동함을 영원히 허락하지 아니하시리로다"(22절).

힘들고 어려운 상황을 만날 때마다 우리도 다윗과 같은 태도를 가진다면 충분히 승리하는 삶을 살 수 있다. 우리와 함께하시는 하나님이 전능하신 분이고 우리의 인생을 책임지시는 분임을 믿는다면, 그 믿음의 확신이 우리를 다시 일으켜 회복시킬 것이다.

남자들이여, 삶의 모든 것들이 무너지는 순간 어떻게 대처하는가? 두려워 도망가거나 우울과 낙심 가운데 벌벌 떨지는 않는가? 하나님께서 주실 평안과 기쁨을 믿고 기대하자. 상황에 갇혀 혼자 두려워하거나 우울해하지 말자. 하나님께서 우리의 인생이 실족하지 않도록 붙들어 주실 것을 신뢰하자. 믿음으로 맡기는 사람은 세상에서 얻을 수 없는 참 평안을 누린다. 오늘을 허락하신 하나님의 뜻을 헤아리며 날마다 믿음의 지경을 넓히는 삶을 살자.

우물을 파는 묵상

1. 인생의 어두운 터널을 지나 본 적 있는가? 그 힘든 시간 동안 하나님은 나에게 어떤 분이셨는가? 그때 하나님과의 관계 그리고 소중한 사람들과의 관계는 어떠했는가?

2. 인생에 혹독한 겨울이 찾아올 때가 있다. 나는 인생의 사계절을 허락하시는 분이 하나님이심을 인정하는가? 칼바람 부는 추운 겨울이 지나면 꽃 피는 따스한 봄이 올 것임을 분명히 믿고 있는가?

내비게이션 증후군_
"신앙도 검색만 잘하면 ok?"

어떤 사람은 병거, 어떤 사람은 말을 의지하나 우리는 여호와 우리 하나님의 이름을 자랑하리로다 _시 20:7

낯선 길을 가다 보면 어려움이 많다. 지나가는 사람에게 길을 물으면 이쪽저쪽으로 방향을 가르쳐 주지만 막상 그대로 가보면 엉뚱한 곳일 때가 있다. 그도 그럴 것이 사람들은 자기가 아는 것을 토대로 말하기 때문이다. 그래서 요즘 남자들은 내비게이션에 의지한다. 길 안내를 해주는 사람들이 제각각인 것처럼 내비게이션도 가지가지다. 가격도 천차만별이다. 짧은 거리를 중심으로 안내하는 것도 있고, 실시간 교통 정보를 제공해 도착 예정 시간이 거의 정확한 것도 있다. 간혹 어떤 내비게이션은 엉뚱한 곳으로 인도해 운전자를 당황하게 만들기도 한다.

옛날에는 내비게이션 없이도 잘 찾아다녔다. 요즘같이 내비게이션

남자를 이끄는 힘

만 의지하다 보면 길치가 되는 것은 시간문제다. 휴대 전화가 등장하기 전만 해도 웬만한 친구의 집 전화번호는 기억했다. 하지만 이제는 긴 번호 대신 단축번호나 수신인의 이름만 누르면 발신이 가능한 탓에, 기억하고 있는 번호가 몇 개 없다. 이처럼 기계를 의지하고 생활하다 보니 서서히 뇌를 바보로 만드는 것 같다. 첨단기계를 사용하는 것이 편리하기 때문에 굳이 기억을 의지할 필요가 없기 때문이다.

이 시대 남자들의 신앙생활에도 첨단기계를 의지하는 듯한 모습이 있다. 말씀을 묵상하고 기도하면서 하나님의 음성을 듣기보다 각종 포털 사이트를 통해 찾은 자료들을 근거로 자신의 생각을 정리하려 한다. 매일의 성실한 노력과 끊임없는 도전보다 로또당첨이나 쾌속 승진과 같은 인생의 '한방'을 꿈꾼다. 작은 위기가 닥쳤을 때 하나님께 지혜를 구하기보다 사람을 만나 로비를 하고 전략을 짜기 바쁘다.

시편 20편은 다윗이 암몬·아람 연합군과의 전쟁(삼하 10:1-19)에 나가면서 기록한 시다. 마병과 군사를 의지한 연합군과 달리 다윗은 오직 하나님 한 분만을 의지한다. 그 결과 다윗은 아람 병거 700대와 마병 4만 명을 물리치고 전쟁에서 승리를 거둔다. 이는 "다윗이 어디로 가든지 여호와께서 이기게 하셨더라"(삼하 8:14)고 한 말씀을 잘 보여준 사건이었다.

믿음의 사람은 뛰어난 전술을 의지하지 않는다. 다만 "여호와 우리 하나님의 이름을 자랑"(시 20:7)할 뿐이다. 병거와 말을 의지하는 자들은 비틀거리며 엎드러지지만, 하나님을 의지하는 자들은 일어나 바로 선다고 다윗은 고백한다(8절). 좋은 집안, 좋은 학벌, 좋은 직장에 뛰어난 재능까지 갖추었음에도 비틀거리며 살아가는 남자들은 대부분 하나님을 의지하지 않는 사람들이다. 그들은 하나님이 아닌 다른 좋은 것들에 인생을 맡기며 위태롭게 살아간다.

남자들이여, 내게 있는 능력과 물질을 의지하여 세상을 바라보고 있지는 않는가? 그것들이 나의 탄탄한 미래를 보장해 줄 거라 생각하지는 않는가? 하나님 없이 살다가 비틀거리고 엎드러지는 인생이 되지 말자. 하나님과 함께함으로 곧게 서서 하나님만 자랑하는, 하나님이 기뻐하시는 인생이 되자.

남자를 이끄는 힘

우물을 파는 묵상

1. 어려운 일이 닥칠 때 나는 먼저 하나님 앞에 묻고 구하는가, 아니면 사람들에게 이야기하며 현실적인 조언을 구하는가? 하나님의 응답이 더딜 때 나는 끝까지 기다리며 하나님 앞에 머물러 있는가, 아니면 갖가지 방법을 모색하며 그 기다림의 시간을 단축시키려 애쓰는가?

2. 인생에도 매뉴얼이 있다고 하지만, 언제나 예외는 있는 법이다. 당장 내일 일을 알 수 없는 우리네 인생을 인간의 경험과 지식의 축적물에 맡길 것인가, 아니면 천지를 창조하시고 처음과 끝이 되어 주시는 전능하신 그분께 내어 드릴 것인가?

작은여우 증후군_
"이 정도는 괜찮겠지…"

인자야 이 사람들이 자기 우상을 마음에 들이며 죄악의 걸림돌을 자기 앞에 두었으니
그들이 내게 묻기를 내가 조금인들 용납하랴 _겔 14:3

'배둘레햄'은 일명 복부 비만으로, 배 주위에 찐 살을 햄에 비유한 신
조어다. 하루 종일 스트레스와 싸워 가며 일한 남자들이 지친 몸을 이
끌고 들어와, 이것저것 허겁지겁 집어 먹은 탓에 생긴 결과물이 바로
배둘레햄이다. 일부 남자들은 이것을 인격이라고 말하며 스스로 위로
한다. 그런데 이는 오히려 스트레스를 먹는 것으로 풀다가 얻은, 부족
한 인격의 반증이라 할 수 있다. '이 정도는 괜찮겠지' 하며 한 숟갈 두
숟갈 먹다보면 결국 뱃살은 보름달 모양으로 차오른다.

꽉 짜인 틀 안에서 살아가는 남자들은 사소한 것으로 일탈의 즐거
움을 맛보고 싶어한다. 그러나 잠깐의 해방감을 만끽하고자 시작한
일이 쉽게 멈춰지지 않는 경우가 허다하다. 취미로 시작한 주식이 집

남자를 이끄는 힘

을 삼키고, 호기심에 기웃거렸던 인터넷 도박이 인생을 송두리째 날려 버린다. 그럴 의도는 아니었다고, 이렇게 될 줄 꿈에도 몰랐다고 이해를 구하지만 현실은 냉혹하다. 이처럼 마음속에 일어나는 충동을 지나치지 못하는 남자들은 자신만의 기준을 들어 대충 얼버무리는 경향이 있다. 한 예로 운전하다가 한두 번 저지른 신호위반은, 대부분의 교통 법규를 준수했다는 평소의 정직성으로 면죄부를 얻을 수 있다고 생각하는 것이다. 그래도 평소에 노력하며 살았다는 거다.

반면, 하나님의 기준은 매우 엄격하다. 이스라엘 장로들이 선지자에게 자문을 구하러 갔을 때, 하나님은 그들 안에 여전히 자리하고 있던 우상과 죄악을 엄히 경고하셨다. "내가 조금인들 용납하랴"(겔 14:3), 죄악은 조금도 용납할 수 없다는 말씀이다. 좋은 게 좋은 거 아니냐는 식으로 적당히 덮고 어물쩍 넘어갈 수 없다는 거다. 하나님은 이스라엘 백성들이 "마음을 돌이켜 우상을 떠나고 얼굴을 돌려 모든 가증한 것을 떠나"(6절)기를 원하신다.

우리 삶에 결코 없어서는 안 된다고 생각되는 것들이 우상일 수 있다. 한 예로 하나님께 영광 돌리기 위해서라도 승진을 해야 하며 많은 재물을 얻어야 한다고 말하는 남자들이 있다. 언뜻 듣기에는 맞는 말 같다. 그러나 이는, 먼저 내 뜻을 이루고 성공한 뒤에 그때 하나님 뜻대로 살겠다는 말이기도 하다. 하나님은 이스라엘 백성들이 다시는 하나님을 떠나지 않도록, 그리고 그들이 죄로 인해 스스로 더러워지지 않도록 하기 위해, 죄악과 허물에 대한 책임을 그들에게 담당시키겠다고 말씀하신다(11절). 하나님도 어느 정도는 이해하실 거라고 스스로 속여서는 안 된다.

남자들이여, '이 정도는 괜찮겠지' 하며 거리낌 없이 선택하고 행동한 적은 없었는가? 자신에게는 한없이 너그러운 기준을 좀 더 분명하고 확고한 기준으로 수정하자. 하나님 보시기에 가증한 일들로부터 얼굴을 돌려, 일점일획도 변함이 없는 하나님의 말씀을 바라보자.

우물을 파는 묵상

1. 포도원을 허는 작은 여우를 아는가? '이 정도는 괜찮겠지' 하며 여전히 행하고 있는 옛 습관은 없는가? 내 영혼을 허무는 작지만 끈질긴 작은 여우를 찾아 기록해 보자.

2. 하나님은 사랑이 많으신 분이지만 죄 앞에서는 단호한 공의로우신 분이다. 나는 예배당과 죄의 자리를 수시로 오가며 스스로 속이는 예배자는 아닌가? 나는 의식적으로나 무의식적으로 짓는 죄들을 날마다 하나님께 고백하고 있는가?

리플리(Ripley)⁴⁾ 증후군_
"위기는 거짓말을 싣고"

흔히들 거짓말에도 하얀 거짓말과 검은 거짓말이 있다고 말한다. 같은 거짓말도 질이 다르다는 거다. 하얀 거짓말에는 선한 목적이기에 괜찮다는 식의 상황윤리가 적용된다. 보통 엄격한 부모 밑에서 자란 자녀들이 거짓말을 잘한다. 그들은 작은 실수에도 엄한 꾸중과 통제를 받기 때문에 그 순간의 위기를 모면하고자 습관적으로 거짓말을 한다. 어떤 문제가 발생했을 때 책임감 있는 태도로 자신의 허물과 실수를 인정하면 굳이 거짓말을 할 필요가 없다. 그러나 자신의 약점을 들키지 않을까 하는 두려움과 불편한 상황을 어떻게든 회피하고 싶은 연약함이 자꾸 거짓말을 부추기는 것이다.

---

4) 허구의 세계를 진실이라 믿고 거짓된 말과 행동을 상습적으로 반복하는 인격 장애를 뜻하는 용어로, 미국 소설가 패트리샤 하이스미스(Patricia Highsmith)의 소설 『재능 있는 리플리 씨』(1955)에서 유래되었다.

남자를 이끄는 힘

어느 날 예수님의 수제자 베드로는 두려움에 가득 차 있었다. 베드로의 일생에 이보다 더 위태로운 상황은 없었을 것이다. 자신의 인생을 걸고 따랐던 예수님이 무리에게 붙잡히신 것이다. 갑자기 닥친 일에 대한 당혹감과 미래에 대한 불안감이 수시로 교차했을 것이다. 예수님과 함께 있던 자라는 사람들의 증언에 베드로는 "나는 그 사람을 알지 못하노라"(마 26:70,72,74)며 점점 강도를 높여 예수님을 부인했다. 심지어 증언 자체가 불쾌하다는 말투였다.

그런데 베드로의 이런 모습이 그리 낯설지는 않다. 어린 시절, 장난삼아 시작했던 일이 문제가 되어 어른들에게 꾸중을 들을 때면, 위기를 모면하고자 거짓말로 둘러댔던 적이 다들 한두 번은 있을 것이다. 나 역시 시치미 뚝 떼고 거짓말을 해본 경험이 있다. 거짓말로 한 순간의 위기는 모면했지만 중년이 된 지금까지도 마음의 죄책감은 지워지지 않았다. 여전히 불편한 마음이 구석에 자리하고 있다. 그때 내게는 용기가 없었다. 용기를 내 솔직히 말했으면 될 일을, 우리는 잠깐의 위기를 벗어나고자 자신도 모르게 거짓말을 내뱉는다. 그리고 이를 하얀 거짓말 혹은 융통성이라는 명분 하에 스스로 합리화할 때가 많다.

남자들의 인생은 모닥불 가에 앉아 있는 베드로 같을 때가 더러 있다. 주변의 시선이 두려워 노발대발하며 진실 같은 거짓말을 할 때가 있다. 꾀를 부리기도 전에 자신도 모르게 입에서 거짓말이 줄줄 새어 나올 때가 있다. 예수님을 세 번 부인했던 순간은, 베드로의 인생에 가장 부끄러운 순간이었을 것이다. 습관으로 자리 잡은 거짓말로부터 자유로워지려면 "유혹의 욕심을 따라 썩어져 가는 구습을 벗어" 버려야 한다(엡 4:22). 그리고 "심령이 새롭게 되어 하나님을 따라 의와 진리의 거룩함으로 지으심을 받은 새 사람을" 입어야 한다(23-24절). 이는 생각보다 어렵지 않다. 내 안에 계신 주님을 매 순간 의식하고 주님께 기도하듯 진실만을 말하면 된다.

남자들이여, 가정과 직장에서 거짓말과 동행하는 삶을 살지는 않았는가? 습관적으로 하는 하얀 거짓말의 실체를 아는가? 엄격한 부모 밑에서 생긴 습관이라면 가족 간의 정서적 친밀감을 회복하라. 낮은 자존감으로 인한 두려움이 그 원인이라면, 주님과의 관계를 점검하고 하나님 자녀로서의 자존감을 회복하라. 한 번의 거짓말로 인생을 바꿀 수 있다는 어리석은 생각은 벗어 던지자. 우리 모두는 하나님 뜻대로 사는 인생들이니, 그 누구보다 하나님 앞에서 정직해야 함을 분명히 기억하자.

우물을 파는 묵상

1. 과연 거짓말에 '착한 거짓말'이 존재한다고 생각하는가? 다른 누군가를 배려하기 위해 혹은 공동체의 평화를 위해 행하는 거짓말도 죄라는 것을 인정하는가?

2. 나는 매일 주님을 의식하며 주님과 동행하는 삶을 살고 있는가? 행동으로 드러나지 않는 믿음은 죽은 믿음이고 거짓된 믿음이다. 나는 주님과 동행한다고 말하면서 모든 것을 내 마음대로 선택하고 결정하며 살고 있지는 않는가?

만성실패 증후군_
"또 실패하면 어쩌지?"

모세가 여호와께 아뢰되 오 주여 나는 본래 말을 잘하지 못하는 자니이다 주께서 주의 종에게 명령하신 후에도 역시 그러하니 나는 입이 뻣뻣하고 혀가 둔한 자니이다 _출 4:10

모세는 40년 간 한 나라의 왕자로 부족함 없는 인생을 살았다. 그리고 그 후 40년은 아무것도 없는 광야에서 고독한 인생을 살았다. 처음 40년이 자신의 의지대로 살았던 세월이라면, 그 다음 40년은 고독과 맞서며 광야에 순응하며 지나온 세월이었다. 자신의 생각대로 세상을 움직일 수 있다고 생각했던 모세가 다듬어지는 데 40년이 걸린 것이다.

하나님은 때때로 우리에게 외로움이라는 과목을 선택하라고 요구하신다. 모세는 광야 40년 동안 스스로 실패자라고 여겼을 것이다. 그는 지위, 명예, 가족, 친구, 그리고 미래를 잃었다. 모세는 처절한 고독

남자를 이끄는 힘

가운데 자신의 실패와 씨름하며 40년을 보냈을 것이다. 사람은 누구나 실패할 수 있다. 그러나 진짜 실패자는 자신의 후퇴에서 아무것도 배우지 못한 사람이다.

하나님은 당신을 완전히 의지하는 자들을 사용하고 싶어하신다. 스스로 부족하다고 생각하지 않는 자신만만한 사람들은 하나님을 온전히 의지하기 어렵다. 실패자로 시작한 광야생활 40년이 지나자, 하나님은 모세에게 상상조차 할 수 없는 위험천만한 일을 지시하신다. 이스라엘 백성들을 애굽에서 이끌어 내라는 것이다(출 3:10). 모세는 겸손이 아닌 두려움으로 하나님께 반문하며 거절한다. "내가 누구이기에 바로에게 가며 이스라엘 자손을 애굽에서 인도하여 내리이까"(11절). 그러자 하나님은 "내가 반드시 너와 함께 있으리라 네가 그 백성을 애굽에서 인도하여 낸 후에 너희가 이 산에서 하나님을 섬기리니 이것이 내가 너를 보낸 증거니라"(12절)고 말씀하시며 엄청난 보증서를 주신다. 그런데도 모세는 계속 이런저런 핑계를 대며 못하겠다고 발버둥 친다. 무엇이 모세를 두려움에 떨게 만들었을까?

광야는 실패한 모세에게 안정과 휴식을 주었지만 좌절의 늪에서 헤어나오게 하지는 못했다. 모세는 과거에 실패했던 곳으로 다시 돌아가 자신은 상상조차 할 수 없는 일을 해야 한다는 것 자체가 두려웠을 것이다. 그래서 그는 이런저런 이유와 핑계를 대면서 회피하고 있는 것이다.

우리 사회는 성공에 중독되어 있다. 우리가 실패를 두려워하는 것도 바로 이 때문이다. 그러나 예수 그리스도를 믿는 우리는 실패가 성공의 뒷문이라는 사실도 알아야 한다. 하나님은 미래의 성공을 위해 우리를 준비시키신다. 그리고 과거의 실패를 분명히 사용하신다(롬 8:28). 실패가 오히려 성공의 토대가 되었던 사례들을 역사 속에서 쉽게 찾아볼 수 있다. 하나님은 우리의 실패까지도 합력하여 선을 이루실 만큼 크고 위대하신 분이다. 어떤 실패는 승리보다 더 큰 승리가 되기도 한다. 그러나 이것은 하나님만이 하실 수 있는 일이다.

남자들이여, 스스로 실패자라고 느끼고 있는가? 과거에 실패했던 경험들이 오늘의 두려움으로 자리하고 있지는 않은가? 모세가 두려움을 극복하고 바로와 직면했을 때 그는 그 누구보다 위풍당당했다. 심지어 그는 믿음으로 백성을 축복했고, 위기 상황에 홍해를 갈라 기적의 수행자가 되었을 뿐 아니라 전쟁을 승리로 이끌었다. 두려워할 일이 있다면 두려워하라. 그러나 그 두려움이 나를 지배하지 못하게 하라. 염려를 떨쳐 버리고 오직 기도와 간구로 하나님께 아뢰라. 기도는 모든 두려움을 물리치고 소망의 햇살을 비추게 한다.

우물을 파는 묵상

1. 살면서 뼈아픈 실패를 경험한 적 있는가? 그 실패를 통해 내가 잃은 것은 무엇이며 얻은 것은 무엇인지 생각해 보자.

---

2. 홀로 남겨진 것 같을 때, 그때가 하나님과 독대의 시간임을 알고 있는가? 그 어디에도 기댈 곳 없고 누울 곳 없어 보이는 그때가, 하나님께 내 인생을 맡길 수 있는 축복의 시간임을 알고 있는가?

대세 증후군_
"다들 자장면?…나도 자장면"

이 일은 이스라엘 자손이 자기를 애굽 땅에서 인도하여 내사 애굽의 왕 바로의 손에서 벗어나게 하신 그 하나님 여호와께 죄를 범하고 또 다른 신들을 경외하며 여호와께서 이스라엘 자손 앞에서 쫓아내신 이방 사람의 규례와 이스라엘 여러 왕이 세운 율례를 행하였음이라 _왕하 17:7-8

남자들에게 문제가 생겼다는 말이 나올 때쯤 되면 일이 거의 대형 사고 수준까지 불거졌음을 의미한다. 아프다고 말하면 이미 심각한 병에 걸린 경우가 많다. 왜 남자들은 이토록 스스로에게 무감각한 것일까? 자신에게든, 주변에 대해서든 조금만 더 민감하게 반응한다면 위험 요소들을 사전에 처리할 수 있을 텐데 말이다.

중년 남자들에게는 치명적인 아쉬움이 하나 더 있다. 대세를 거스르고 싶어하지 않는다는 것이다. 가령 동료들이 모두 자장면을 주문하는데 홀로 볶음밥을 주문하기란 쉽지 않다. 자기 입장이나 주장을 분명히 하기보다 대세를 살피며 무리 없는 인생을 살려는 경향이 있

남자를 이끄는 힘

다. 어쩌면 많은 형제들과 함께 자랐던 가정환경과 행동 통일이라는 억압된 군대 문화 때문인지도 모르겠다. 이유야 어쨌든 남자들에게는 관습을 따라 살려는 성향이 있다. 자신의 문제를 해결하는 일도 쉽지 않기에, 이 세상을 아름답게 변화시키는 일에는 관심 가질 여유가 없다. 이는 수직적이고 가부장적인 문화에서 성장한 남자들의 특징이라 하겠다.

호세아 9년에 앗수르 왕이 사마리아를 점령한다. 앗수르는 잔인한 국외 추방정책을 통해 이스라엘 백성들 간의 유대관계를 의도적으로 파괴한다. 이는 이스라엘에 절망적인 결과를 가져온다. 이스라엘 공동체는 유일한 참 신이신 하나님만을 섬기고 경배해야 함에도 불구하고, 다른 신을 섬기고 스스로 만든 규례와 율례를 행한다(왕상 17:7-8). 그러면서 자신들의 지위가 하나님처럼 높아졌다고 착각하고 자만에 빠진다. 이스라엘 백성이 지켜야 할 것은 관습(19절)이 아니라, 하나님이 그들의 조상에게 명령하시고 선지자들을 통해 전하신 모든 율법(13절) 곧 하나님의 말씀이다. 그러나 그들은 "듣지 아니하고"(14절), "말씀을 버리고 허무한 것을 뒤따라"(15절) 이방 사람과 같이 송아지 형상과 아세라 목상을 만들어 섬겼다. 이에 하나님은 세상의 관습을 따라 하나님을 섬긴 이스라엘 백성들을 징계하신다. 그들을 버리시고 괴롭게 하시며 그분 앞에서 쫓아내신 것이다(19-20절).

남자들이여, 세상의 관습을 따라 살면서 혹시 신앙생활도 관습을 따라 하고 있지는 않는가? '누구누구처럼'이 아니라 하나님의 말씀대로 신앙생활을 하자. 세상의 관습은 편안함으로 인도하는 것 같지만 깊은 괴로움이라는 거부할 수 없는 선물을 주고 간다. 말씀대로 사는 것이 답답할 것 같지만, 내 삶에 흔들리지 않는 평안과 소멸되지 않는 소망을 준다는 사실을 기억하자.

우물을 파는 묵상

1. 선택의 순간에 내게 기준이 되어 주는 것은 무엇인가? 나는 사람들의 시
선을 의식해 대세를 따르는 사람인가, 아니면 하나님의 시선을 의식해 하
나님 편에서 선하고 옳은 것을 분별해 선택하는 사람인가?

....

....

....

....

2. 우리의 신앙생활에도 인간적인 관습이 많음을 아는가? 제사보다 순종이
낫다고 하신 하나님이 나의 신앙생활을 보고 하시는 말씀을 잠잠히 들어
보자.

....

....

....

....

....

카인 콤플렉스(Cain complex)[5]_
"왜 저 사람만 편애하십니까?"

그의 형들이 아버지가 형들보다 그를 더 사랑함을 보고 그를 미워하여 그에게 편안하게
말할 수 없었더라 요셉이 꿈을 꾸고 자기 형들에게 말하매 그들이 그를 더욱 미워하였
더라 _창 37:4-5

야곱의 가정은 행복을 꿈꿀 수 있었으나 화평을 이루기는 어려웠다.
요셉과 그 형제들에게 아버지는 하나였지만 어머니는 둘이었기 때문
이다. 그들은 서로를 격려하고 지지해 주기 힘든 관계였다. 야곱은 아
버지 이삭의 편애를 받으며 성장했고, 그는 다시 그에게 위로를 주는
아들 요셉을 편애했다. 아버지의 편애가 자신의 인생을 얼마나 고달
프게 했는지를 뼈저리게 경험했음에도, 야곱은 그 상처를 그대로 자
식들에게 물려준 것이다. 이처럼 어리석은 아버지는 자신의 상처나
나쁜 습관을 그대로 대물림한다.

---

5) 부모의 사랑을 더 차지하기 위해 형제간에 나타나는 적개심을 일컫는 말로, 창세기 4장
   의 가인과 아벨 사건에서 유래되었다.

요셉의 형제들은 아버지의 각별한 사랑을 받는 요셉을 볼 때마다 미운 마음이 누룩처럼 부풀어 오르곤 했다. 그러던 어느 날 요셉은 자신이 꾼 꿈을 형들 앞에서 이야기한다. 곧 자신의 형들이 자신을 향해 모두 절을 할 것이라는 내용이었다. 형들은 이전보다 더 요셉을 미워하기 시작한다. 결국 요셉은 형들의 계략으로 애굽으로 팔려가고 이에 야곱은 깊은 애통에 빠진다. 질투와 꿈의 대결 1라운드는 이렇게 형들의 승리로 끝이 난다.

아버지의 총애를 받던 막내아들이 하루아침에 타국의 종이 되었다. 현실은 무너졌고 미래는 점점 절망 속으로 들어가는 것 같았지만, 요셉의 꿈은 더 이상 꿈으로 멈춰 있지 않고 현실에 가까워지고 있었다. 일련의 사건들이 오히려 요셉의 꿈을 이루는 주춧돌이 될 것임을 아는 사람은 당시 아무도 없었다. 질투와 시기로 한때를 보냈던 형제들은, 아버지의 슬픔을 지켜보며 죄책감으로 남은 세월을 보내야 했다. 반면, 요셉은 온갖 시련을 겪으면서도 하나님이 주신 꿈을 향해 달려갔다. 하나님은 평생 요셉과 함께하셨고 위기 때마다 피할 길을 주셨다.

요셉이 온갖 고난 끝에 애굽의 총리가 되는 사이, 각국에 기근이 시작된다. 야곱은 식량을 구하기 위해 자신의 아들들을 애굽으로 보낸다. 식량을 구하지 못하면 죽을 수밖에 없을 정도로 긴박한 상황이었다. 애굽의 총리가 된 요셉을 알아보지 못한 형들은 요셉 앞에 엎드려 절하며 식량을 구걸한다. 그들은 과거 질투에 눈이 멀어 저질렀던 부끄러운 일을, 그곳에서 그렇게 직면하게 될 줄은 전혀 몰랐을 것이다. 요셉이 꾸었던 꿈이 그대로 눈앞에 펼쳐지는 순간이었다(창 37:5-11).

남자들이여, 누군가를 시기하고 미워하느라 아까운 시간을 보내고 있지는 않는가? 하나님께서 주신 꿈을 붙잡고 기도하며 때를 기다리고 있는가? 어떤 상황 속에서도 하나님을 신뢰하는 인생은 결코 실패하지 않는다. 막다른 골목에서 정체해 있다고 생각되는 그 순간에도 하나님은 쉬지 않고 일하고 계심을 믿어야 한다. 시기와 질투를 멀리하고 자신에게 있는 꿈을 소중히 여기는 남자들에게는 하나님의 특별한 은혜와 위로가 있다.

우물을 파는 묵상

1. 직장이나 교회에 내 시선과 마음을 빼앗는 누군가가 있지는 않는가? 하나
   님을 향한 시선을 다른 것에 빼앗기는 순간 우리의 판단력은 흐려진다는
   사실을 알고 있는가?

2. 많은 경우 시기와 질투는 사랑받지 못한 결핍에서 비롯된다. 요셉의 형들
   과 가인처럼 질투에 눈이 멀어 인생을 송두리째 망치는 우를 범하지 않기
   위해, 우리가 다시 세워야 할 것이 무엇인지 아는가? 하나님과의 관계가
   바로 세워지면 사람들과의 관계 역시 회복된다는 사실을 알고 있는가?

비전상실 증후군_
"무지개를 찾아다니시나요"

내가 해 아래에서 행하는 모든 일을 보았노라 보라 모두 다 헛되어 바람을 잡으려는 것
이로다 구부러진 것도 곧게 할 수 없고 모자란 것도 셀 수 없도다 _전 1:14-15

이 시대를 살아가는 남자들 중에 최선을 다해 살지 않는 인생은 별로
없을 것이다. 오늘보다 나은 내일을 위해 매일을 치열하게 살아가는
이들이 남자들이다. 오늘을 열심히 살아내지 못하면 자신과 가족들의
미래는 보장받을 수 없을 거라는 두려움으로 일터로 달려가는 이들이
바로 남자들이다. 겉으로는 지치지 않는 열정으로 사는 것 같아 보이
지만, 사실 그들은 지치지 않으려고 무던히 애를 쓰며 살 뿐이다. 저
녁이 없는 삶을 자처하며 사무실 불을 밝히는가 하면, 위험천만한 현
장을 바쁘게 누비며 구슬땀을 흘리기도 한다. 새벽부터 졸린 눈 비벼
가며 영어 공부에 몰두하는가 하면, 주말 휴일에도 편히 쉬지 못하고
업무 스트레스에 시달리며 산다. 이렇게 치열하게 살아가는 남자들은

남자를 이끄는 힘

자신의 이런 노력들이 인생의 부족함을 어느 정도 채워줄 것이라 기대한다.

그런데 노력의 정도보다 중요한 것이 바로 제대로 된 방향 설정이다. 지나온 시간을 돌아보면 노력에 대한 정당한 보상을 받지 못했던 적이 많을 것이다. 아무리 노력해도 늘 제자리걸음만 할 때도 있고 오히려 한 걸음 뒤로 물러나야 할 때도 있다. 노력으로도 해결되지 않는 인생 앞에 두려움은 더욱 커진다. 그러다 보면 남자들은 결정적인 '한 방'이나 뜬구름 잡는 생각에 빠지기 쉽다. 잘못된 방향 설정이 잘못된 결과를 낳는 것이다.

전도서 기자는 "마음을 다하여 지혜를 써서 하늘 아래에서 행하는 모든 일을 연구하며 살핀즉 이는 괴로운 것"(전 1:13)이라고 말한다. 사람이 어떤 일을 이루고자 온갖 노력을 다하지만 그 결과는 그저 허무하고 괴로울 수 있다는 것이다. 마치 바람을 잡으려는 사람처럼, 제아무리 열심히 손짓을 하더라도 결국 손에 쥔 것은 아무것도 없다는 거다. 스스로 무언가를 할 수 있다고 생각하는 인생은 자만에 빠진 어리석은 인생이다. 인간은 구부러진 것을 곧게 할 수 없고 모자란 것도 셀 수 없는 존재다(15절). 스스로 지혜와 지식이 있다고 믿는 순간 바람을 잡으려는 무모한 인생이 되고 만다.

전도서 기자는 말한다. "내가 내 마음 속으로 말하여 이르기를 보라 내가 크게 되고 지혜를 더 많이 얻었으므로 나보다 먼저 예루살렘에 있던 모든 사람들보다 낫다 하였나니 내 마음이 지혜와 지식을 많이 만나 보았음이로다 내가 다시 지혜를 알고자 하며 미친 것들과 미련한 것들을 알고자 하여 마음을 썼으나 이것도 바람을 잡으려는 것인 줄을 깨달았도다"(전 1:16-17). '바람을 잡으려는 것'이라는 표현을 보며 떠오른 찬양이 있다. "무지개를 찾아다니시나요 돌고 도는 생활 하시나요 헛된 모든 꿈을 다 가지고 주님 발 앞에 모두 놓아요 드려요 모두 다 주님께 드려요 깨진 꿈 상한 맘 지친 몸 드려요 모두 다 주님께 드려요 슬픈 맘 기쁨으로 변해요"

인생을 스스로 계획하고 이루어 갈 수 있다는 헛된 생각을 버려야 한다. 우리는 인생의 짐을 스스로 책임질 수 없는 존재들이다. 잘못된 신화에서 벗어나 하나님의 말씀으로 돌이켜야 한다. 인생을 잘 사는 법칙은 단순하다. 욕망의 덫에 자신을 밀어 넣지 않는 것이다. 성공이라는 올무에 자신의 열정을 매달지 않는 것이다.

남자들이여, 노력한 만큼 내 인생이 달라져 있는가? 내가 내 인생을 바꿀 수 있다고 믿고 살지는 않았는가? 이제는 바람을 잡으려던 손으로 하나님의 말씀을 붙들자. 그리고 나를 향한 하나님의 뜻이 이루어지도록 간절히 기도하자. 바람을 주관하시는 하나님께 내 인생을 의탁하며 내가 어디로 가야 할지 무엇을 구해야 할지 묻고 또 묻자.

우물을 파는 묵상

1. 매사에 속도보다 중요한 것이 방향이다. 나는 그리스도인으로서 방향을 올바르게 설정했는가? 이 땅에서의 시간이 끝날 때 "수고했다. 아들아!" 하고 안아 주실 그분을 바라보고 있는가?

2. 하나님은 우리 각 사람들을 향한 계획을 가지고 계시는 분이다. 내가 그리는 꿈과 하나님이 품으신 뜻이 혹시 다르지는 않은가? 나는 내가 하나님의 영광을 위해 지음 받은 자임을 매 순간 인정하며 살고 있는가?

영적 안전불감증_
"하나님, 저···승진하면 갈게요"

또 내가 들으니 하늘로부터 다른 음성이 나서 이르되 내 백성아, 거기서 나와 그의 죄에
참여하지 말고 그가 받을 재앙들을 받지 말라 _계 18:4

영화를 보면, 경찰이 무기를 가진 범인을 체포할 때 대개 마지막 경고
를 한다. 그리고 범인이 그 경고를 듣지 않을 경우 완력으로 제압하거
나 공포탄을 쏴서 체포한다. 하나님도 마지막 심판을 앞두고 우리에
게 마지막 경고를 하신다. 이 경고의 말씀은 생각할수록 끔찍하고 무
시무시한 말씀이지만, 우리에게 아직 기회가 남아 있다는 반가운 신
호이기도 하다. 오늘을 사는 우리에게 주시는 경고의 말씀은 무엇일
까? 삶의 방향을 하나님께로 재조정하고 깊이 고민하며 찾아보자.

성경은 마지막 때에 심판과 형벌이 있을 거라고 말한다. 그러나 하
나님은 무자비한 심판자가 아니시기에, 심판의 때가 이르기 전 우리
에게 더 이상 죄악에 참여하지 말라고 경고하신다(계 18:4). 바벨론과

같은 음녀의 음행과 사치에 유혹되지 말고 거룩한 삶을 살라고 호소하신다. 롯의 아내는, 몸은 소돔과 고모라를 떠났으나 마음이 떠나지 못해 결국 소금기둥이 되고 말았다. 마음이 악에서 떠나 하나님을 향해야 한다. 죄에서 마음이 떠나지 못한 사람들의 죄는 쌓이고 쌓여 하늘에까지 닿을 것이다. 그리고 하나님은 그 모든 죄악들을 다 기억하실 것이다(5절).

남자들은 '먹고살기 위해서'라는 이유로 종종 죄악의 현장을 떠나지 못한다. 먹고 살기 위해서, 승진하기 위해서 어쩔 수 없이 범하는 죄는 하나님도 이해하실 거라고 속단해 버린다. 그러나 하나님은 죄를 따라 사는 사람들의 행위대로 갑절을 갚아 주겠다고 말씀하신다(6절). 바벨론의 죄악은 교만한 것, 불의를 통해 얻은 부로 사치한 것, 그리고 죄인인 인간이 마땅히 겪어야 할 고난을 회피한 것이었다. 이는 이 시대를 살아가는 남자들의 현주소와 일치한다. 자신의 능력을 과대 포장해 으스대고, 스스로 책임질 수 없음에도 큰소리치고 자만하는 자는 하나님께 갑절이나 징계를 받을 만하다.

하나님의 심판은 일순간에 닥쳐온다고 했다(8절). 내가 지금 누리고 있는 부나 명예는 결코 영원한 것이 아니다. 그러나 구원받은 내 영혼은 하나님 편에서 영원한 사랑의 대상이 된다. 우리의 직장생활 가운데 하나님의 경고가 울려 퍼지는 곳이 어디인지 잘 살펴야 한다. 그리고 가정 안에서, 교회 안에서 들려주시는 세미한 음성에도 귀 기울여야 한다.

남자들이여, 매일 아침 면도를 하고 옷을 갈아입으면서 거울 속 자신을 이리저리 살필 것이다. 그런데 말씀 안에서 내면을 깊이 들여다본 적은 언제였는지 기억하는가? 하나님이 자신을 향해 경고하시는 세미하지만 단호한 음성을 들어보자. 심판받기 위해 평생을 살 수는 없다. 우리의 남은 인생을 하나님의 자녀답게 살아, 하나님께 칭찬받고 가족과 이웃에게 인정받는 사람이 되자.

우물을 파는 묵상

1. 심판의 때가 오리라는 것을 분명히 믿고 있는가? 나는 신랑이 오기를 오매불망 기다리는 슬기로운 다섯 처녀와 같은 사람인가, 아니면 밤중에 조느라 미처 기름을 준비하지 못한 미련한 다섯 처녀와 같은 사람인가?

....

....

....

....

2. 우리는 그동안 안전불감증이 낳은 대형 사고를 수차례 경험한 바 있다. 지금 이 시간 나의 영적 상태는 어떠한가? 하나님의 거듭되는 경고에도 죄에서 돌이키지 못한 채 살지는 않는가?

....

....

....

....

....

chapter 3

지 키 고 .
또 .
지 킬 것

신앙하는 남자의
'오래된 새 것'

조용하고 한적한 곳을 찾아라.
할 수 있는 한 단순하고 솔직하게
그 자리에 있어라.

그러면 초점이 너희에게서 하나님께 옮겨지고,
그분의 은혜가 느껴지기 시작할 것이다.

요한복음 15장 16절, 메시지

받은 복을 세어보아라

너희는 여호와께서 너희를 위하여 행하신 그 큰 일을 생각하여 오직 그를 경외하며 너희의 마음을 다하여 진실히 섬기라 _삼상 12:25

나이가 들면 기억이 흐려진다. 그래서 뇌에 좋다는 견과류를 틈날 때마다 찾아 먹지만, 안면 있는 사람의 이름을 생각해 내기 위해 스무고개를 시작하는 일이 점점 빈번해진다. 무언가를 기억할 수 없다는 것은 참 답답한 일이다. 그런데 이러한 망각이 한편으로는 하나님이 우리에게 주신 선물이다. 우리가 모든 것을 기억하고 산다면 제정신이기 힘들 텐데 말이다. 가슴 벅찬 행복한 일도, 깊은 절망의 사건도 시간이 지나면 희미해지거나 잊히는 것이 은혜다. 지나치게 들떠 있지 않게 하시고, 너무 깊은 우울 가운데 있지 않게 하시는 하나님의 배려인 것이다. 그런데 우리가 인생을 살면서 결코 잊지 말아야 할 것들이 있다. 보이지 않는 하나님이 아닌, 보이는 왕을 원했던 이스라엘 백성들이 절대 잊지 말아야 했던 것들 말이다.

남자를 이끄는 힘

사무엘은 이스라엘 백성들이, 하나님이 그들의 조상들에게 베푸신 은혜를 기억하고 하나님을 영원히 사랑하며 섬기기를 바랐다. 그는 이스라엘 백성들에게, 하나님이 모세와 아론을 세워 조상들을 인도하신 이야기를 들려주었다. 또한 조상들이 하나님을 잊어버리고 다른 신들을 섬김으로 비참한 재난을 당했던 일과(삼상 12:9), 조상들이 다시 겸손히 회개하며 돌이켰던 것을 상기시켰다(10절). 힘들고 괴로운 날이 지난 후에 하나님이 이스라엘 백성들에게 다시 영광스러운 구원을 베풀어 주신 것을 기억하게 했다(11절). 사무엘은 그 시대의 승리자였던 기드온과 입다와 같은 사사들의 이름을 일일이 열거했다. 마지막으로 그는 최근에 그들에게 베풀어 주신 하나님의 은혜를 상기시켰다.

암몬 자손의 왕 나하스가 자신들을 치러 온 것을 본 이스라엘 백성들은 사무엘에게 왕을 세워 달라고 한다. 이에 사무엘은 하나님이 모든 전쟁에서 사령관이 되시므로, 우리에게 필요한 것은 다른 대장이 아니라 오직 하나님의 능력으로 힘입는 것뿐이라고 단호하게 말한다. 그러나 이스라엘 백성들은 계속해서 사무엘에게 "우리 위에 왕을 세우라"(삼상 10:19)고 요구한다. 결국 하나님은 이스라엘 백성들의 요구대로 그들에게 왕을 세워 주신다. 사무엘은 "너희가 구한 왕, 너희가 택한 왕"(삼상 12:13)이 여호와의 목소리를 듣지 아니하면 "여호와의 손이 너희의 조상들을 치신 것 같이 너희를 치실 것이라"(15절)고 엄히 경고한다. 그리고 "여호와를 따르는 데서 돌아서지 말고 오직 너희의 마음을 다하여 여호와를 섬기라"(20절)고 호소한다. 이스라엘 백성들이 그렇게 원하던 왕이 세워졌지만, 그들이 결코 잊지 말아야 할 것은 하나님의 은혜였다.

남자들이여, 지나온 인생을 돌아볼 때 도우시고 인도하신 하나님의 은혜보다 자신의 노력을 더 크게 생각하지는 않았는가? 하나님의 은혜 없이 이루어진 것들이 과연 있었는지 한번 돌아보라. 때때마다 베풀어 주신 은혜를 기억해 하나씩 기록해 보자.

남자를 이끄는 힘

우물을 파는 묵상

1. 그동안 하나님은 내게 어떤 분이셨는가? 그리고 지금 이 순간 하나님은 내게 어떤 분이신가? 지금까지 나와 함께하신 하나님이 앞으로도 영원히 나와 동행하실 것을 믿는가?

2. 지나온 인생을 되돌아볼 때, 기억에 남은 일들을 몇 가지 기록해 보자. 그리고 그 시간을 나와 함께 울고 웃으며 걸어주셨던 하나님의 발자국을 찾아보자.

마음도둑 님,
안녕히 돌아가세요

주께서 너희 마음을 인도하여 하나님의 사랑과 그리스도의 인내에 들어가게 하시기를
원하노라 _살후 3:5

새벽녘 잠에 덜 깬 채 받은 전화에 정신이 번쩍 났다. 사무실에 도둑
이 들었다는 것이다. 가져갈 것이라고는 책밖에 없는 사무실이었지만
걱정이 되었다. 보안업체 직원이 사무실에 나오라고 해서 가보니 이
것저것 흐트러진 것 외에 별 피해는 없었다. 허술한 창문을 통해 도둑
이 든 것도 벌써 두 번째였다.

그날 오전, 일하는 중에 발가락 느낌이 이상했다. 신발을 벗어 보니
신을 땐 말짱했던 양말에 구멍이 나 엄지발가락이 인사를 하고 있었
다. 새벽에는 도둑이, 오전에는 구멍 난 양말이 마음을 들쑤셨다. 하
루를 그렇게 망칠 수 없다는 생각에 다시 발가락을 보니 나도 모르게
웃음이 났다. 새벽에 도둑맞은 마음을 엄지발가락이 되찾아 주는 것

남자를 이끄는 힘

같았다. 그렇게 소리 내어 크게 웃고 나니 오전 내내 푸석했던 얼굴에 화색이 돌기 시작했다.

사무실에 돌아와 도둑이 들어오지 못하도록 예방책을 생각해 보았다. 방범창을 튼튼한 것으로 교체하고 창문 곳곳에 센서를 붙이는 것이 좋겠다고 생각하는 순간, 묘안이 떠올랐다. 방범창 교체와 센서 부착보다 간단하면서 돈도 거의 안 드는 일이었다. 도둑에게 친절을 베풀 것! 언젠가 또 들어올지 모르는 도둑에게 친절한 안내장을 붙여 주기로 했다.

"이전에도 두 명의 도둑이 이 창문을 뜯고 사무실에 들어왔었지만 두 번 다 허탕치고 돌아갔습니다. 이 사무실에는 당신이 훔쳐갈 돈과 귀중품은 하나도 없습니다. 혹시 책을 좋아하신다면 낮에 오시기 바랍니다. 제가 마음껏 기증해 드리겠습니다. 그래도 들어오고 싶으시다면, 보안업체 직원이 도착하기 전에 서둘러 돌아가시기 바랍니다. 당신이 들어오는 순간 곧바로 경보음이 울립니다. 그리고 1분 후 보안업체 직원이 도착합니다." 이 친절한 안내문도 무시하고 들어오는 도둑이라면 누구도 막을 수 없겠다 생각하니, 마음이 한결 가벼워졌다.

이처럼 이른 아침에 일어난 일이 하루 종일 마음을 불편하게 할 때가 있다. 그러나 불편하게 흘러가는 마음을 붙잡아 오히려 즐겁고 감사한 마음으로 돌이킬 수도 있다. 작은 생각 하나가 행복의 방향타 역할을 하는 것이다. 어떤 상황에서도 마음을 지켜 유연하게 반응한다면 우리는 하나님이 기뻐하시는 삶을 살 수 있다.

변함없는 일상은 단조롭기 짝이 없다. 단조로운 일상에 생기를 불어넣고 어그러진 일상을 평안케 하고 싶다면 무엇보다 마음이 흔들리지 않도록 하자. 으레 일어나는 일들에도, 갑작스럽게 닥치는 일에도 믿음의 관점을 놓치지 말자. 마음을 지키는 것은 비오는 날 옷을 젖지 않게 하는 것만큼 어렵다. 그러나 잠언 기자는 우리 생명의 근원이 마음에 있으니 "모든 지킬 만한 것 중에 더욱 네 마음을 지키라"(잠 4:23)고 했다.

남자들이여, 하루 중에 일어난 불쾌한 일에 온 마음을 허비한 적은 없는가? 별것 아닌 일에 매여 다른 일까지도 망친 적은 없는가? 어떤 상황에서도 마음이 흔들리지 않는다면 나의 행복도 결코 흔들리지 않는다. 하나님은 우리의 마음을 인도하셔서 우리의 인생을 견고하게 붙들어 주실 것이다.

남자를 이끄는 힘

우물을 파는 묵상

1. 예상하지 못한 일 앞에 마음을 지킴으로 평안을 누려본 적 있는가? '세상이 줄 수 없는 평안'의 의미를 알고 있는가? 어떤 상황 속에서도 평안을 빼앗기지 않는 비결을 알고 있는가?

2. 말 한마디가 천 냥 빚을 갚듯 작은 생각 하나가 마음의 풍랑을 잠잠하게 하기도 한다. 이와 같이 작은 생각 하나가 행복의 방향타 역할을 했던 경험이 있는가?

부활신앙의
화려한 부활

그러므로 내 사랑하는 형제들아 견실하며 흔들리지 말고 항상 주의 일에 더욱 힘쓰는 자들이 되라 이는 너희 수고가 주 안에서 헛되지 않은 줄 앎이라 _고전 15:58

흔히 '여자의 마음은 갈대'라는 말을 한다. 그런데 남자들의 삶도 비슷해 보인다. 크고 작은 선택의 순간 최선과 최고를 분별하느라 이리저리 탐색하고 기웃거리기 때문이다. 하지만 이런 겉모습과 달리 마음의 심지는 쉽게 흔들리지 않는다. 더구나 신앙을 가진 남자들은 그 안에 견고한 뿌리가 있어 흔들림 없는 인생을 살아간다. 특히 부활에 대한 분명한 확신을 가진 남자들은 보다 더 안정적이고 탄탄한 모습으로 살아간다. 부활신앙은 마치 태풍이 온 바다를 덮어 뒤흔드는 가운데서도 여유롭게 바다 밑을 항해하는 잠수함과도 같다.

믿음으로 사는 삶은 상황과 여건에 따라 요동치는 삶이 아니라 매 순간 하나님의 관점으로 바라보고 하나님의 능력으로 극복하며 살아가는 삶이다. 사도 바울은 고린도교회에 보내는 편지에서, 부활신앙을 가진 성도들이 이 땅을 살아가는 자세에 대해 상세하게 기록하고 있다. 그는 이 땅에서의 수고가 주 안에서 헛되지 않으니 "견실하며 흔들리지 말고 항상 주의 일에 더욱 힘쓰는 자들이 되라"(고전 15:58)고 말한다.

고단한 인생길에서 남자들이 굳게 서서 흔들리지 않아야 하는 첫 번째 이유는, 우리에게는 부활의 믿음이 있기 때문이다. 그리스도인은 죽은 자의 부활을 확고히 믿는 자들이다. 장래의 부활에 대한 불신은 헛되고 불안한 삶으로 인도할 뿐이다. 남자들이 굳게 서서 흔들리지 않아야 하는 두 번째 이유는, 우리에게는 영생이 있기 때문이다. 그리스도인은 복음의 소망에서 흔들리지 않아야 하는데(골 1:23), 이 소망은 그리스도를 믿는 영혼을 확고하게 잡아주는 닻이 된다(히 6:19). 남자들이 굳게 서서 흔들리지 않아야 하는 세 번째 이유는, 우리가 모두 주의 일에 더욱 힘쓰는 자들이 되어야 하기 때문이다.

분명한 목표는 확신이 넘치는 소망을 일궈낸다. 우리는 이 세상에서 가장 튼튼한 터 위에 서있는 자들이다. 그리스도께서 부활하신 것처럼 성도들도 분명히 부활할 것이다. 부활을 믿는 우리는 세상의 유혹에 흔들리지 말고 오직 주의 일에 힘쓰는 삶을 살아야 한다(고전 15:58). 우리가 십자가를 지고 예수님을 따른다는 것은, 일상생활 속에서 믿음을 지키고 주님이 기뻐하시는 일에 최선을 다하며 산다는 것이다.

남자들이여, 예수 그리스도의 십자가와 부활을 믿는가? 그렇다면 그대는 세상에서 가장 소중한 진리를 발견해 그 진리와 함께 사는 사람이다. 그리고 영생을 소유한 천국 백성으로서 세상에서 가장 든든한 결론을 가지고 살아가는 사람이다. 사는 것이 힘들고 어려운가? 앞길이 막막한가? 부활신앙에는 두려움이 없다. 부활의 믿음에 굳게 서서 흔들리지 말고 주의 일에 힘쓰는 자가 되자.

우물을 파는 묵상

1. 이 땅에서의 수고가 주 안에서 헛되지 않음을 믿고 있는가? 나는 십자가
   의 구원에 머물러 있는 사람인가, 아니면 구원을 넘어 부활과 영생을 바라
   보는 사람인가?

----

2. 부활신앙으로 사는 남자들의 삶의 우선순위는 무엇이겠는가? 나는 그 우
   선순위를 잘 지키며 살고 있는가?

나의 스승 나의 멘토

왕은 원로들이 가르치는 것을 버리고 그 앞에 모시고 있는 자기와 함께 자라난 젊은 신하들과 의논하여 _대하 10:8

남자들은 대체로 기계를 좋아한다. 한국 사회는 특히 새로운 것에 대한 반응이 빠른 편이다. 그래서 다국적 기업들이 신제품에 대한 반응을 한국에서 살피고 연구하는 경우가 종종 있다. 하지만 새로운 것이 좋은 것만은 아니다. 한 예로 필름카메라를 들 수 있다. 오래된 제품이지만 필름카메라의 섬세함과 선명함은 디지털카메라로는 표현하기 힘들다. 다양한 기능을 가진 최신 카메라들도 필름카메라의 화질을 따라가지 못한다. 이처럼 신제품보다 탁월한 명품들이 있다.

아버지 다윗과 달리 하나님을 끝까지 섬기지 못한 솔로몬은 에돔사람 하닷과 엘리아다의 아들 르손과 느밧의 아들 여로보암과 같은 대적들로 인해 환란을 당한다(왕상 11:14-40). 솔로몬의 아들 르호보암은 세겜에서 만난 백성들의 질문에 곧바로 대답하지 못하고 3일 후에 다

남자를 이끄는 힘

시 오라며 답변을 연기한다. 솔로몬 왕이 하나님께 지혜와 지식을 구했던 것과 달리 르호보암은 곁에 있는 사람들을 찾는다(대하 10:8). 르호보암 곁에는 두 부류의 사람들이 있었다. 한 부류는 아버지 솔로몬의 국정에 관여했던, 누구보다도 솔로몬의 실패와 성공을 잘 알고 있는 원로들이었다. 다른 한 부류는 르호보암 자신과 함께 성장한, 40대 전후의 젊은 사람들이었다. 그들은 원로들에 비하면 소년과도 같았다.

그런데 르호보암은 국정의 경험과 지혜를 가진 원로들의 가르침을 버리고, 젊은 신하들과 의논하여 세겜 사람들의 질문에 답변한다(8절). 르호보암이 이처럼 방자한 태도를 취한 이유는 교만 때문이었다. "내 새끼 손가락이 아버지의 허리보다 굵으니"(10절)라는 표현은 아버지 솔로몬의 권력보다 자신의 권력이 더 강력하다는 뜻이다. 이는 르호보암이 젊은 신하들의 감언이설로 스스로 착각에 빠졌음을 보여주는 대목이다.

성공하려거든 애인을 만들지 말고 멘토를 찾으라는 말이 있다. 특히 남자들에게는 엉뚱한 길을 갈 때 정신을 번쩍 나게 만들어 줄 멘토가 필요하다. 아테네올림픽 탁구 금메달리스트 유승민에게는 김택수라는 멘토가 있었다. 명의 허준을 있게 한 멘토는 유의태였고, 세계적인 성악가 조수미와 축구스타 박지성에게는 각각 카라얀과 히딩크라는 멘토가 있었다. 내 인생이 흔들릴 때 나를 이끌어 주는 멘토가 있는가? 신앙의 위기에 처했을 때 말씀과 기도로 든든히 세워 주는 영적 멘토가 있는가? 멘토는 하나님을 섬기는 일에 도움이 되는 사람이다.

스스로 하나님께 나아가 기도할 수 없을 때 영적 멘토의 도움이 절실하다.

남자들이여, 그대는 솔로몬처럼 지혜와 지식을 하나님께 구하는가, 아니면 르호보암처럼 주변 사람을 의지하는가? 인생의 진정한 성공을 위해 결코 버리지 말아야 할 것과 반드시 버려야 할 것은 무엇이라고 생각하는가? 무엇보다 기도하는 습관을 버려서는 안 된다. 하나님이 허락하신 영적 멘토인 목회자와 신앙의 선배들의 말 또한 버려서는 안 될 것이다. 반면 내가 원하는 방식대로 살고자 하는 교만은 과감히 버려야 할 것이다. 그밖에 내 인생에 꼭 필요한 것과 없어야 할 것이 무엇인지 생각하고 정리해 보자.

우물을 파는 묵상

1. 20년 넘게 간직하고 있는 애장품이 있는가? 지난 시절의 소중한 추억이 고스란히 담겨 있어 절대 버리지 못할 것 같은 특별한 물건이 있는가?

_____

_____

_____

_____

2. 인생의 멘토가 있는가? 있다면 그분과의 인연, 그분과 함께했던 시간들을 떠올려 보자. 그리고 나는 후배들에게 어떤 멘토가 되어 주고 싶은지 생각해 보자.

_____

_____

_____

_____

약속과 자존감의
상관관계

또 약속하신 이는 미쁘시니 우리가 믿는 도리의 소망을 움직이지 말며 굳게 잡고 _히 10:23

'브랜드는 약속이다'라는 말이 있다. 기업이 브랜드를 만들고 상품을 파는 것은, 상품을 구입하는 고객들에게 최상의 제품과 서비스를 제공하겠다는 약속이라는 것이다. 이처럼 우리의 이름과 직위도 하나의 약속일 수 있겠다는 생각이 든다. 내 이름이 하나의 약속이라고 한다면, 나는 타인과 사회에 해를 끼치지 않고 신뢰를 줄 수 있어야 한다. 그리고 우리가 그리스도인이라는 신분을 가진 이상, 우리는 세상 사람들에게 그리스도인으로서의 참된 모습을 삶으로 보여 주어야 한다.

사람들은 수많은 약속을 하며 살아간다. 그중에서도 사랑하는 사람들 간의 약속은 숭고하고 아름답다. 평생을 함께하기로 약속하는 날, 떨리는 목소리로 읊조리는 사랑의 서약을 듣고 있노라면 마음이

흥분된다. 남자는 가정 안에서 아버지로서, 남편으로서 신뢰를 지키려고 부단히 노력하며 살아간다. 약속은 인생의 어두운 골짜기를 지날 때 떠오르는 태양과 같아서, 끝없이 지속될 것만 같은 고통의 시간에 소망의 빛이 된다.

중년의 남자로서 인생을 다시 한 번 새롭게 시작하기 원한다면 나 자신과의 약속이 꼭 필요하다. 실패와 성공의 갈림길에서 방향을 결정하는 것 역시 자신과의 약속이다. 어둠이 있기에 빛이 더 아름다운 것처럼, 성공한 인생의 이면에는 실패의 그림자가 있다. 고교시절의 실패와 좌절에서 마이클 조던(Michael Jeffrey Jordan)을 일으켰던 것도, 교통사고로 하반신 마비가 된 아베베 비킬라(Abebe Bikila)를 1년 만에 장애인 올림픽 금메달리스트로 만든 것도 자신과의 약속이었다. 무너진 인생의 자리에서 자신의 꿈과 맺은 약속을 스스로 지켜낸 것이다.

이처럼 남자의 미래는 자신과의 약속을 얼마나 소중히 여기고 지키느냐에 달려 있다. 우리는 많은 것들을 꿈꾸고 계획하며 살아간다. 늘 자기 자신과 크고 작은 약속을 하며 사는 것이다. 그런데 타인과의 약속은 철저히 지키면서 자신과의 약속은 등한시하는 남자들이 있다. 그들의 인생에서는 극복, 성장, 변화, 승리, 성공이라는 단어를 찾아내기 어렵다. 자신과의 군건한 약속은 고난을 견딜 수 있는 힘을 주고 인생역전이라는 달콤한 열매를 맺게 한다. 우리가 지켜야 할 가장 중요한 약속은 바로 자신과의 약속임을 잊지 말자. 자신과의 약속은 자존감을 결정한다. 누가 뭐라 해도 잘 살았다고 떳떳하게 말할 수 있는 사람은 자신과의 약속을 잘 지킨 사람들이다. 그들은 높은 자존감으로 자신뿐만 아니라 주변 사람들도 행복하게 만들어 준다.

남자들이여, 자신의 이름과 직위에 합당한 행동을 하며 살아왔는가? 살아오면서 얼마나 많은 약속을 했는가? 최근에 자기 자신에게 한 약속은 무엇인가? 그 약속을 스스로 잘 지키고 있는가? 나 자신과의 약속을 지키기 위해 때로는 스스로 냉정해질 필요가 있다. 그동안 주변 사람들과 자기 자신에게 했던 약속들을 한번 점검해 보자. 그리고 그 약속들을 잘 지키고 있다면 스스로를 격려하고 칭찬하자. 만약 잘 못 지키고 있다면 다시 첫 마음으로 돌아가 기도하고 실천하자. 자신과의 약속을 지켰을 때 얻는 기쁨은 다른 사람들에게 인정받을 때 얻는 기쁨과 비교할 수 없을 만큼 크다. 무엇보다 자신과의 약속 앞에 철저한 남자들이 되자.

남자를 이끄는 힘

우물을 파는 묵상

1. 최근 스스로에게 한 약속이 있는가? 그 약속을 지키기 위해 나는 어떤 노력을 하고 있는가?

_____

_____

_____

_____

2. 성경은 나를 향한 하나님의 약속이자 메시지다. 그동안 하나님께 받은 약속의 말씀을 찾아 기록해 보자.

_____

_____

_____

_____

_____

_____

49퍼센트의 분별력과
51퍼센트의 용기

이러하므로 빌라도가 예수를 놓으려고 힘썼으나 유대인들이 소리 질러 이르되 이 사람을 놓으면 가이사의 충신이 아니니이다 무릇 자기를 왕이라 하는 자는 가이사를 반역하는 것이니이다 빌라도가 이 말을 듣고 예수를 끌고 나가서 돌을 깐 뜰(히브리 말로 가바다)에 있는 재판석에 앉아 있더라 _요 19:12-13

남자에게 필요한 덕목 중 하나가 용기다. 어느 미혼남녀 모임의 남자 회원 100명에게 "남자가 봐도 닮고 싶은 멋진 남자는 어떤 남자인가?"라고 물었다. 그 결과 응답자의 61%가 결정적인 순간에 용기 있게 행동하는 남자라고 답했다. 한 예로, 1521년 마르틴 루터(Martin Luther)는 보름스 제국의회에서 황제와 로마 교황청의 대표들로부터 종교개혁 신학 철회를 강요받았다. 그때 루터는 "나의 양심은 하나님의 말씀의 포로가 되었습니다. 나는 내가 주장한 어떠한 것도 철회할 수 없고, 하지도 않겠습니다. 왜냐하면 양심을 거스르는 것은 안전하지도 않을 뿐더러 올바른 일도 아니기 때문입니다. 나는 달리 행동할 수가 없습니다. 여기에 내가 서있습니다. 하나님이여, 나를 도우소서!"라고 단호히 말했다. 루터는 시편 46편을 통해 용기를 얻었기 때문에 이같이 담대할 수 있었다. 남자다운 사람은 이처럼 자신의 선택과 결정을 용기 있게 밀고 나가는 사람이다.

빌라도는 예수님에게서 아무런 죄를 발견하지 못했기에 유월절 특사로 예수님을 석방시키려고 했다. 하지만 그의 이러한 시도는 바라바의 석방을 강하게 요구하는 유대인들 때문에 실패로 돌아간다. 그는 다시 예수님을 채찍질하고 욕되게 함으로 유대인들에게 만족감을 주어 예수님을 풀어 주려고 했지만, 결국 사형선고를 내리고 만다. 빌라도는 예수님이 무죄임을 알고 있었다. 하지만 그는 자신이 로마 황제 가이사에 대한 충성심이 약한 사람으로 낙인찍히는 것이 두려웠다. 빌리도는 예수님을 십자가에 못박기 전, 자신의 손을 물로 씻음으로 그 책임을 유대 군중들에게 전가시키는(마 27:24) 비겁한 행동을 한다. 그는 유대인들로부터 자신의 정치적 지위를 지켜냈지만 자신의 옳은 선택과 결정을 용기 있게 밀어붙이지는 못했다. 지혜와 지식과 권력은 있었으나 결정적인 순간의 용기가 없었기에 그는 인류 역사에 길이 남은 어리석은 선택을 하고 말았다.

그런데 남자들은 이같은 상황을 거의 매일 맞이하고 있는지도 모른다. 그리스도인으로서 어떤 선택을 해야 하는지, 어떤 삶을 살아야 하는지 우리는 잘 알고 있다. 하지만 그렇게 살아가는 사람은 그리 많지 않다. 이는 우리에게 대가를 지불하고자 하는 용기가 없기 때문이다. 나를 통해 영광받으실 하나님께 자신을 내어 드릴 용기가 없는 것이다. 하나님은 스스로 입이 둔한 자라고 여기고 있던 모세를 홍해의 기적을 행하는 자로, 바로와 맞서 이스라엘 백성을 인도해내는 용기 있는 남자로 사용하셨다.

남자들이여, 그대는 결정적인 순간에 용기 있는 사람인가, 아니면 자신의 입지가 좁아질 것이 두려워 눈치만 보는 사람인가? 분별력은 있었지만 용기가 없어 어리석은 선택을 한 빌라도가 되지 말자. 49퍼센트의 분별력과 51퍼센트의 용기로 세상의 빛과 소금으로 살아가는 그리스도인이 되자.

우물을 파는 묵상

1. 그리스도인으로 분별력 있게 살아가기 위해 나에게 필요한 것은 무엇인가? 세상의 빛과 소금으로 살기 위해 내가 지불해야 할 대가는 무엇인가?

------

2. 양심을 거스르는 것은 안전하지도 않을 뿐더러 올바른 일도 아니기에, 달리 행동할 수 없다고 했던 마르틴 루터의 고백을 보며 어떤 마음이 들었는가? 나는 옳은 일 앞에서 용기 있게 행동하는 사람인가, 아니면 사람들의 시선이 두려워 그저 눈치만 보는 사람인가?

목숨 걸고 '본질' 사수

이 날은 안식일이니 유대인들이 병 나은 사람에게 이르되 안식일인데 네가 자리를 들고
가는 것이 옳지 아니하니라 대답하되 나를 낫게 한 그가 자리를 들고 걸어가라 하더라
하니 _요 5:9-11

여러 다양한 행사에 참석하다 보면 아쉽고 안타까울 때가 있다. 본래
의 취지와 목적은 사라지고 겉치레만 화려한 경우를 종종 만나기 때
문이다. 한 예로 끼니 해결도 어려운 가난한 아이들을 돕자고 모인 후
원 모임에서 비싼 스테이크를 먹는 경우다. 비본질적인 것이 더 중요
한 모임인 것 같아 내가 그 자리에 계속 앉아 있어야 하는 이유를 찾느
라 한참 고민했던 기억이 난다.

어느 안식일에, 38년 된 병자가 베데스다 연못을 지나는 예수님께
말씀으로 치유받는 사건이 일어났다. 이에 유대인들은 그들의 형식주
의와 외식주의의 기준을 들어 논쟁을 벌인다. 안식일에 병을 치료하
는 일도, 환자가 누웠던 자리를 들고 가는 일도 모두 율법에 위배된다

남자를 이끄는 힘

는 것이었다. 이 논쟁을 볼 때마다 생각나는 것이 있다. 어린 시절 나는 주일에 돈을 쓰면 안 된다고 배웠다. 그래서 주일에는 과자를 사먹을 수 없었고 중국집에서 자장면을 사먹을 수도 없었다. 주일에 누가 몰래 과자를 사먹기라도 하면, 마치 큰일이라도 난 것처럼 그 사실을 곧장 주일학교 선생님에게 일러바치곤 했다. 그러면 선생님은 그 아이를 불러다가 주일을 제대로 지키지 못했다며 야단을 쳤다. 예배당의 강대상에 신발을 신고 올라가는 것도 절대 금지였다. 강대상 위에서 뛰어다니기라도 하면 경건하지 못한 행동이라고 혼쭐나기 십상이었다.

물론, 신앙에서도 삶에서도 형식은 매우 중요하다. 그러나 형식은 하나님을 향한 진실하고 간절한 마음을 담기 위한 형식일 때 그 의미가 있다. 안타깝게도 유대인들은 마음이 변질된 채, 율법을 지키기 위한 또 하나의 율법으로 스스로 외식하며 살았다. 하나님이 기뻐하실 일이 무엇인지에 대해서는 관심도 없었다. 그들에게는 자신들이 만든 율법과 규례가 하나님의 마음보다 더 중요했다. 안식일에는 아무 일도 하지 않아야 한다는 규율에 갇혀, 병든 자가 고침을 받고 죄인이 죄사함을 받는 것을 기뻐하시는 하나님의 마음은 안중에도 없었다. 오히려 안식일을 핑계로 그들에게 눈엣가시였던 예수님을 핍박하려 했다. 곧 비본질을 본질보다 더 중요하게 여긴 것이다.

주일을 지키는 우리들의 태도는 어떠한가? 헌금을 드릴 때 매번 새 돈을 준비하는 것보다, 아무런 감사 없이 형식적으로 드리는 것은 아닌지 마음을 점검하는 것이 더 중요하다. 감사 없이 드리는 헌금은 의미 없는 돈에 불과하기 때문이다.

남자들이여, 그대의 주일 하루는 어떤 시간으로 채워져 있는가? 예배시간 한 시간을 제외한 나머지 시간을 전부 여가에 쏟아 붓고 있지는 않는가? 주일은 하나님을 예배하고 교회를 섬김으로 거룩하게 보내는 날이다. 그리고 무엇보다 하나님 뜻대로 살기 위해 다음 일주일을 준비하고 영적으로 무장하는 날이다.

우물을 파는 묵상

1. 소문난 잔치에 먹을 것 없다는 말을 삶에서 경험한 적 있는가? 나의 신앙
   생활에서 형식이 복음보다 앞섰던 적은 없는가?

   _____

   _____

   _____

   _____

   _____

2. 나의 주일 하루는 어떻게 채워지고 있는가? 주일 하루 일과를 본질적인
   일과 비본질적인 일로 나누어 기록해 보자.

   · 본질적인 일 :

   _____

   _____

   · 비본질적인 일 :

   _____

   _____

생명 걸고 '예배' 사수

이스라엘 자손에게 명령하여 그들에게 이르라 내 헌물, 내 음식인 화제물 내 향기로운
것은 너희가 그 정한 시기에 삼가 내게 바칠지니라 _민 28:2

어떤 일이든 반복적으로 하다 보면 익숙해지고 친숙해져서 하나의 습
관으로 자리 잡는다. 그래서 사람은 누구나 독특한 습관을 한두 가지
씩 가지고 있다. 운동이나 독서 혹은 인터넷 쇼핑을 하며 시간을 보내
기도 하고 음악을 크게 듣거나 스마트폰 게임을 하며 스트레스를 풀
기도 한다. 그런데 남자들이 무엇보다 매일매일 습관처럼 해야 하는
일들이 있다. 말씀을 묵상하고(시 119:129-136), 입술에 찬양이 떠나지 않
게 하며(시 47:6), 쉬지 않고 기도하며 깨어 있는(골 4:2) 일이다. 이 일들
을 날마다 습관처럼 행하는 남자가 온전한 믿음을 가진 남자라 할 수
있다. 그러나 많은 경우 과도한 업무와 불필요한 인간관계가 남자들
의 경건생활을 대신하고 있다. 신실해 보이는 남자들이라고 예외는
아니다. 분주한 현실 속에서 날마다 하나님과 동행하는 삶은 결코 쉽

남자를 이끄는 힘

지만은 않다. 하지만 엄격히 말하면 우리가 경건생활을 지키려 애쓰지 않기에 쉽지 않은 것이다.

민수기 28장의 제사에 대한 규례는, 상황을 핑계로 예배를 등한시하는 사람들에게 경종을 울리는 말씀이다. 당시 이스라엘 백성들은 가나안 땅을 목전에 두고 전쟁을 준비하고 있었다. 전쟁과 같은 특수한 상황에서는 제사를 드리지 않아도 될 것이라 생각할 수 있지만, 하나님은 그렇다고 날마다 해야 할 일을 멈춰서는 안 된다고 말씀하신다. 다급한 상황일수록 하나님과의 관계를 소홀히 해서는 안 되기에 하나님은 이스라엘 백성들에게 매일 번제를 드릴 것을 명령하신다(민 28:1-3). 뿐만 아니라 매일 정해진 규례를 따라 엄격하고 온전하게 드리라고 말씀하신다(4-8절). 젖과 꿀이 흐르는 약속의 땅을 차지하거나 삶이 이전보다 풍성해지더라도 결코 잊지 말아야 할 것은, 매주 안식일(9-10절)과 매월 초 월삭(11-15절), 그리고 각 절기에 제사를 드리는 것이다. 특별히 매일 아침과 해 질 때에 각각 어린 양 한 마리씩 상번제로 드리라고(3절) 말씀하신다. 약속의 땅과 풍요로운 삶을 목전에 둔 이스라엘 백성들이 날마다 잊지 말아야 할 것이 예배임을 거듭 말씀하시는 것이다.

이는 오늘날 우리에게 "항상 기뻐하라 쉬지 말고 기도하라 범사에 감사하라"(살전 5:16-18)고 하신 말씀과 같다. 하나님과 함께하는 남자들은 하나님을 사랑하고 경외하는 것을 습관으로 삼아야 한다. 그리고 예배를 준비할 때도 내가 편하고 좋은 방식이 아닌 하나님이 정하신 기준에 맞게 해야 한다. 매주 어쩌면 매일 반복되는 예배지만, 하나님에 대한 사랑 없이 말씀에 대한 믿음 없이 형식적으로 드려서는 안 된다. 하나님이 찾으시고 기뻐하시는 예배자는 신령과 진정으로 온전히 예배하는 자이다. 우리의 믿음은 습관으로 몸에 배어 있어야 한다. 주일에는 교회에서 예배하고 섬겨야 하며, 평일에는 일터에서 하나님과 동행하는 삶을 살아야 한다. 가정에서는 신실한 아버지로서 자녀들을 말씀과 사랑으로 양육해야 하고, 아내에게는 든든한 동역자이자 존경받는 남편이 되어야 한다.

남자들이여, 날마다 행하는 습관으로 어떤 것이 있는가? 하나님을 즐겁게 섬기고 사랑하는 일도 습관적으로 행하고 있는가? 과도한 업무와 불필요한 인간관계에 매여 시간을 허비하지 말자. 하나님을 사랑하고 이웃을 섬기는 일에 마음을 열자. 하나님이 무엇을 기뻐하실지 날마다 찾아 행함으로 거룩한 습관을 만들자. 날마다 행하는 거룩한 습관은 믿음의 명문가를 만들어 주는 가보와 같다.

우물을 파는 묵상

1. 일상생활에서의 좋은 습관과 나쁜 습관을 찾아 기록해 보자. 그리고 신앙
   생활에서의 좋은 습관과 나쁜 습관도 함께 적어보자.

   · 좋은 습관 :

   · 나쁜 습관 :

   ----

2. 그리스도인들에게는 삶 자체가 예배임을 인정하는가? 나의 몸과 나의 삶
   이 하나님께 드리는 거룩한 산 제사가 되기 위해 나는 어떠한 노력을 해
   야 하는가?

중년의 '미친 존재감'

우리가 한 몸에 많은 지체를 가졌으나 모든 지체가 같은 기능을 가진 것이 아니니 이와 같이 우리 많은 사람이 그리스도 안에서 한 몸이 되어 서로 지체가 되었느니라 _롬 12:4-5

나른한 오후, 커피전문점 2층 창가에 우두커니 앉아 길 가는 사람들을 바라보는 일도 제법 재미있다. 사람들의 옷 스타일, 얼굴 표정, 걸음걸이 등 볼거리가 많다. 넓은 도로 위에 차들이 즐비하게 늘어서 있고 인도에 사람들이 쉴 새 없이 오간다. 세상에는 많은 사람들이 있다. 게다가 매우 다양한 사람들이 존재한다. 20여분을 바라보고 있어도 같은 사람을 한 사람도 보지 못한 것만 봐도 그렇다.

그러면서 문득 머릿속으로 몇 가지 질문들이 스쳐 지나갔다. '내가 이 세상에 존재하는 이유는 무엇일까?', '과연 세상은 나를 꼭 필요로 할까?', '과연 저 사람들 가운데 몇 사람이나 나를 알고 있을까?', '사람들은 나를 세상에 꼭 필요한 사람이라고 생각할까?' 순간 가슴이 철렁

142   남자를 이끄는 힘

내려앉는 것 같았다. 가만 생각해 보면 내가 없어진다고 해서 지구가 멈추는 것도 아니고, 나라가 혼란스러워지는 것도 아니며, 직장이 망하는 것도 아니다. 질문에 선뜻 답할 수 없었고 생각할수록 점점 먹먹해졌다.

미국을 여행하는 동안 버몬트의 단풍을 직접 볼 기회가 있었다. 듣던 대로 아름다움 그 자체였다. 그런데 그 절경을 눈으로 확인하고 싶어 숲 가까이에 다가섰을 때 알게 된 사실이 하나 있다. 멀리서 보았을 때 숲이 넓고 아름답지만 사실 나무 하나하나는 특별한 풍채가 없다는 것이다. 그때 깨달은 것이, 볼품없는 나무들도 한데 모여 숲을 이루면 아름다운 풍경을 이룰 수 있다는 것이었다. 남자들의 인생도 이렇다. 개개인을 놓고 보면 특별하고 유일한 존재들이지만, 더불어 함께하지 않는다면 개인의 특별함은 작은 돌멩이 하나만도 못하게 여겨질 수 있다.

세상이라는 숲은 한 그루 한 그루의 나무들이 서로 우거질 때 이루어질 수 있다. 나는 세상이라는 숲을 이루는 한 그루의 나무다. 물론 이 세상에 나라는 존재가 없어도 특별히 문제되지 않을 수 있다. 하지만 주위를 돌아보면 나를 필요로 하는 일들이 있고, 나를 통해 인생의 소망을 붙드는 사람들이 있으며, 나로 인해 위로와 기쁨을 얻는 사람들이 있다. 그러므로 나는 세상에서 꼭 필요한 사람이다. 이는 가족들이나 소중한 누군가와 특별한 삶의 흔적을 공유하고 있기 때문만은 아니다. 나는 다른 사람이 아닌 바로 나 자신에게 더없이 소중한 존재이다.

　나이가 들수록 남자들의 역할은 축소된다. 그러다 맞이하는 것이 퇴직이다. 더 늦기 전에 세상에서 나만 할 수 있는 일이 무엇인지 찾아보자. 남들과 비교하지 말고 나만이 가지고 있는 특별함을 찾아보자. 나 같은 경우 자신감 있어 보이는 얼굴, 긍정적이고 확신에 찬 성격, 배려 깊고 따스한 성격 등 생각보다 많은 것들이 떠올랐다. 나는 다른 사람이 쉽게 흉내 낼 수 없는 나만의 특별함을 가지고 있기에, 그런대로 괜찮은 인생을 살고 있다는 생각이 들었다.

　다른 사람과 끊임없이 비교하며 사는 남자들은 열등감에 빠져 행복과 거리가 먼 삶을 산다. 다른 사람과의 경쟁을 통해 행복을 얻으려 한다면 더더욱 부질 없는 선택을 하는 셈이다. 지금 이 순간 스스로에게 최고의 삶을 살고 있다고 격려해 주자. 오늘은 인생의 가장 젊은 날이며, 오늘의 감사 제목은 인생의 가장 소중한 자산임을 확신하자. 분명 오늘은 인생 최고의 날이다.

우물을 파는 묵상

1. 나 자신이 얼마나 소중한 사람인지 알고 있는가? 내가 생각하는 나의 장
   점과 남들이 말하는 나의 매력을 적어 보자.

· 내가 생각하는 나의 장점 :

· 남들이 말하는 나의 매력 :

2. 오늘이 내 인생 최고의 날임을 인정하는가? 오늘을 허락하신 하나님께 감
   사하며 오늘 하루의 감사제목을 기록해 보자.

아빠 아버지라는 이름

어찌하여 아들이 없다고 우리 아버지의 이름이 그의 종족 중에서 삭제되리이까 우리 아버지의 형제 중에서 우리에게 기업을 주소서 하매 _민 27:4

세상에 혼자서는 될 수 없는 것들이 몇 가지 있다. 그중 하나가 아버지가 되는 것이다. 사랑하는 사람과 결혼을 한다고 바로 아버지가 되는 것은 아니다. 아버지가 되기 위해서는 자녀가 있어야 한다. 아버지라는 이름은 자녀가 붙여주는 이름인 셈이다.

아버지는 가정의 나침반이고 등대다. 자녀들은 아버지를 통해 세상을 바라보고 세계관을 형성한다. 한편, 자녀들의 자존감과 사회적 관계성에 영향을 미치는 사람 역시 아버지다. 아버지와 좋은 관계를 맺지 못한 사람은 대개 자존감이 낮고 관계성이 부족하다. 자존감이 낮기에 열등감에 빠지기 쉽고, 어떤 문제에 직면했을 때 문제를 안정감 있게 풀어가는 능력도 부족하다.

슬로브핫의 딸들이 유산 상속과 관련된 청원을 한 것은 당시로서는 충격적인 사건이었다. 그 당시 여자들에게는 자신의 의사를 표현하는 것조차 쉽게 허용되지 않았다. 그런데 그 딸들은 자신이 받게 될 유산을 두고 당당하게 문제를 제기한 것이다. 언제까지나 함께할 줄 알았던 아버지가 죽자 그들은 자신들의 미래가 막막하고 두려울 수밖에 없었다. 그런데 그들은 두려움에 갇혀 자신들의 운명을 방관하지 않고 오히려 적극적으로 대처했다. 두려움을 극복하는 방법 중 하나가 이처럼 문제에 정면으로 대응하는 것이다.

당시는 노후를 보장받는 것과 가문의 대를 잇는 것이 가장 중요했기에 슬하에 딸만 다섯이라는 것이 탐탁지 않게 여겨지는 시대였다. 그러나 슬로브핫은 누구보다 딸들을 사랑했고 그들에게 좋은 아버지였다. 그는 딸들을 자존감이 높고 지혜로우며 용기 있는 여성들로 성장시켰다. 그래서 그들은 여자였지만 당당했고 어떤 상황에서도 지혜롭게 자신들의 주장을 잘 펼칠 수 있었다. 슬로브핫은 딸들에게, 잡힌 물고기를 받아 먹는 법이 아닌 살아 있는 물고기를 직접 잡는 법을 가르쳤던 것이다.

이처럼 자녀들을 지혜롭고 용기 있게 양육하는 것도 중요하지만, 아버지로서 한 가지 더 해야 할 일이 있다. 자녀들을 향한 하나님의 은혜와 인도하심을 구하는 일이다. 당시로서는 충격적이었던 청원을 모세와 아론이 무시했더라면 슬로브핫의 딸들은 더 큰 충격과 두려움에 휩싸였을 것이다. 그러나 모세는 그 딸들의 사연을 하나님께 아뢰었다(민 27:5). 모세가 하나님의 사람이 아니었더라면, 그리고 하나님의 은혜와 인도하심이 없었더라면 슬로브핫의 딸들은 아버지의 기업을 상속받을 수 없었을 것이다.

남자들이여, 그대는 자녀들에게 어떤 아버지인가? 자녀들이 험한 세상을 헤쳐 나갈 수 있도록 그들에게 용기와 지혜를 심어 주었는가? 그리고 자녀들의 인생에 하나님의 인도하심과 은혜가 있도록 기도했는가? 좋은 아버지가 되기 위해서는 끊임없이 노력해야 한다. 자녀들은 그대의 모든 것을 추억하며 살아갈 것이고, 무엇보다 자녀들에게 그대는 평생의 그림자이기 때문이다.

우물을 파는 묵상

1. 처음 아버지가 되었을 때를 기억하는가? 갓 태어난 아기의 얼굴을 마주했을 때의 그 감격을 기억하는가? 나는 자녀들에게 어떤 아버지가 되기를 원했는가? 그리고 지금 나는 자녀들에게 어떤 아버지로 살고 있는가?

2. 아버지라는 나무가 만드는 그늘에 자녀들은 와서 쉬기도 하고 낮잠을 자기도 한다. 그리고 훗날 아버지는 자녀들에게서 자신의 모습을 발견한다. 나는 아버지로서 자녀들에게 평생의 그늘이자 그림자라는 사실을 알고 있는가? 아버지로서 후회 없는 삶을 살기 위해 내게는 어떠한 노력이 필요한가?

여보(如寶),
그대 내게 보배 같은 사람

남편들아 이와 같이 지식을 따라 너희 아내와 동거하고 그를 더 연약한 그릇이요 또 생명의 은혜를 함께 이어받을 자로 알아 귀히 여기라 이는 너희 기도가 막히지 아니하게 하려 함이라 _벧전 3:7

부부의 행복은 영적 친밀감의 출발점이다. 부부간에 영적 친밀감을 형성하기 위해서는 먼저 일상의 관계가 바로 서있어야 한다. 부부관계가 회복되지 않은 상태에서 영적 친밀감이 생겨날 수 없다. 일상의 관계가 깨어진 부부는 영적인 관계 형성 자체가 어렵다. 그래서 관계의 회복은 영성의 회복이라고 할 수 있다. 서로 얼굴을 마주보려 하지 않는 부부에게 영적 친밀감을 발견하는 것은 매우 어려운 일이다. 함께 있는 것 자체가 어색하고 불편한 부부 역시 영적 친밀감을 기대할 수 없다. 몸과 마음이 가깝지 않은 부부가 영적으로 가까울 리 만무하다.

베드로는 남편들에게 "이와 같이 지식을 따라 너희 아내와 동거하고 그를 더 연약한 그릇이요 또 생명의 은혜를 함께 이어받을 자로 알아 귀히 여기라"(벧전 3:7)고 말한다. 아내와 남편이 동거하되 '지식을 따라' 서로의 특성을 이해하고 존중해야 함을, 그리고 서로를 '더 연약한 그릇'으로 여기며 섬겨야 함을 말한다. 배우자는 '생명의 은혜를 함께 이어받을 자'이기 때문이다. 그래서 베드로는 가정 안에 있어야 할 경건과 사랑의 원칙을 일목요연하게 기록하고 있는 것이다.

한편, 베드로는 부부가 서로 이러한 노력을 하는 목적이 "너희 기도가 막히지 아니하게 하려 함"(7절)이라고 말한다. 가정 안에 영적 질서를 세우기 위해 남자들이 가장 먼저 돌보아야 할 가족이 바로 아내라는 것이다. 남자들은 아내와의 관계에 우선순위를 두어야 할 뿐만 아니라, 아내를 더 연약한 그릇으로 여겨 잘 보호해야 한다. 대부분의 아내는 자신의 필요를 이해하고 돌보아 주는 남편을 원한다. 그리고 자신이 남편에게 보호받고 있다는 안정감을 느낄 때 행복해한다. 아내에게 안정감을 주는 것은 철저히 남편의 몫이다. 그것이 바로 부부 행복, 더 나아가 가정 행복의 열쇠인 것이다.

베드로는 남편이 아내를 행복하게 만들어 줄 수 있는 또 하나의 요소로 '귀히 여김'을 든다. 남편이 아내를 귀히 여겨야 할 이유 역시, 아내가 생명의 은혜를 함께 이어받을 자이기 때문이다. 아내를 사랑으로 돌보고 귀하게 여기면 생명의 은혜를 함께 이어받을 수 있다는 것이다. 부부가 서로를 부를 때 사용하는 '여보(如寶)'라는 말은 '보배와 같은 사람'이라는 뜻이다. 남편이 세상에서 가장 귀중한 보물처럼 사랑하고 아껴야 할 사람은 바로 아내이다.

남자들이여, 혹시 아내를 귀찮아하며 무시하지는 않았는가? 사랑은 사랑하는 사람과 나눌 때 의미가 있다. 작은 배려와 돌봄, 따뜻한 위로의 말 한마디는 아내에게 최고의 선물이다. 아내를 더 돌보고 배려해야 했는데 피곤하다는 핑계로 무관심했던 적은 없는지 생각해 보자. 부부는 왜 서로 사랑하고 존중하며 살아야 하는가? 그래야 가정이 기도로 세워질 수 있기 때문이다. 하나님의 은혜 없이 자녀들을 믿음 안에서 양육할 수 없고, 하나님의 말씀 없이 가정의 영적 질서와 목표를 바로 세울 수 없다. 세상에서 가장 귀한 한 사람과 한 집에서 살면서 함께 행복을 만들어가는 것보다 더 감사한 일이 있을까?

우물을 파는 묵상

1. 처음 결혼했을 때 아내에게 했던 약속을 기억하는가? 그 약속을 나는 지금
   껏 잘 지켜 왔는지, 지키기 위해 어떠한 노력들을 했었는지 돌이켜 보자.

---

2. 아내가 좋아하는 말이나 행동, 음식이나 물건에 대해 알고 있는가? 아내
   를 보배와 같이 여기는 지혜로운 남편으로서, 아내를 행복하게 만들어 주
   기 위해 오늘 당장 실천할 수 있는 것들을 떠올려 보자. 그리고 기쁜 마음
   으로 용기 있게 실천해 보자.

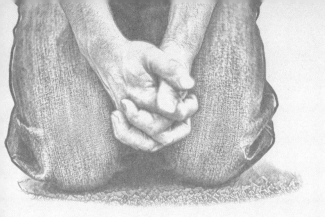

chapter **4**

다 시 .
바 로 .
세 울 것

내　영혼을
지 탱 하 는
10개의 주춧돌

내가 너희에게 하는 이 말은,
너희 삶에 덧붙이는 장식이나 너희 생활 수준을
높여 주는 리모델링 같은 것이 아니다.
내 말은 주춧돌과도 같아서,
너희는 내 말 위에 인생을 지어야 한다.

너희가 내 말을 너희 삶으로 실천하면,
너희는 든든한 바위 위에 집을 지은 현명한 목수
와 같다. 비가 퍼붓고 강물이 넘치고 돌풍이 쳐도,
그 집은 끄떡없다. 바위 위에 꼿꼿이 서 있다.

마태복음 7장 24-25절, 메시지

푯대_
단순하지만 힘 있는 인생

형제들아 나는 아직 내가 잡은 줄로 여기지 아니하고 오직 한 일 즉 뒤에 있는 것은 잊
어버리고 앞에 있는 것을 잡으려고 푯대를 향하여 그리스도 예수 안에서 하나님이 위에
서 부르신 부름의 상을 위하여 달려가노라 _빌 4:13-14

운전을 하다 보면 신호등과 교통 표지판들을 많이 볼 수 있다. 그중
에서도 남자들의 현실과 딱 맞아 떨어지는 것이 있는데, 바로 '비보호
좌회전' 표시다. 비보호 좌회전은 교차로에서 별도의 좌회전 신호 없
이, 다른 차들의 운행에 방해가 되지 않을 때 좌회전을 허용한다는 표
시다. 단, 다른 차들의 운행을 방해했거나 사고를 일으켰을 때에는 그
책임을 본인이 져야 한다.

남자들의 삶은 이 비보호 좌회전과 같다. 남자들의 선택에는 반드
시 책임이 따른다. 그래서 대부분의 남자들은 크고 작은 선택의 기로
에서 매 순간 고민할 수밖에 없다. 남자들이 이렇게 고민하고 힘들어

하는 이유는, 인생의 기준이 아직 명확하지 않아 어떻게 살아야 할지 방향을 찾지 못했기 때문이다. 목적이 분명한 사람은 선택 기준이 명확하기 때문에 단순하면서도 힘 있는 인생을 살아갈 수 있다.

바울의 인생에서 그 방향과 목적은 예수님을 만나기 전과 후가 완전히 다르다. 바울은 "팔일 만에 할례를 받고 이스라엘 족속이요 베냐민 지파요 히브리인 중의 히브리인이요 율법으로는 바리새인"(빌 3:5)이었다. 예수 그리스도를 만나기 전 바울은 자신이 가진 기득권을 무기 삼아 "열심으로는 교회를 박해하고 율법의 의로는 흠이 없는 자"(6절)로 결코 자유롭지 못한 인생을 살았다. 그러나 예수 그리스도를 만난 바울은 "모든 것을 해로 여김은 내 주 그리스도 예수를 아는 지식이 가장 고상하기 때문이라 내가 그를 위하여 모든 것을 잃어버리고 배설물로 여김은 그리스도를 얻고 그 안에서 발견되려 함이니"(8-9절)라고 고백한다. 자신에게 생명만큼 소중했던 것이 이제는 쓰레기가 된 것이다. 이는 인생을 바라보는 가치와 기준이 달라졌기 때문이다.

율법과 전통 안에서 이해했던 것들을 이제는 예수 그리스도 안에서 바라보고 이해하게 된 것이다. 예수님을 만나기 전에는 율법이 주는 특권을 누리고 살았지만, 예수님을 만나고 난 뒤에는 복음이 주는 은혜를 붙잡고 살게 된 것이다. 무엇이 바울의 인생을 이렇게 달라지게 만들었을까? 바로, 믿음이다. 이전에 갖지 못했고 경험하지 못했던 예수 그리스도를 향한 믿음이 '죄인 중에 괴수'를 '사도 중에 사도'로 변화시킨 것이다. 핍박의 대상이었던 예수 그리스도가 믿음의 대상이 되자, 바울의 인생의 방향과 목표가 전혀 새롭게 설정되었다. 바울에게 일어난 가장 큰 변화는 믿음 안에서 분명한 삶의 목적을 발견했다는 것이다.

삶의 목적을 제대로 발견한 바울은 "그리스도 예수 안에서 하나님이 위에서 부르신 부름의 상을 위하여 달려가노라"(14절)고 선언한다. 분명한 목적은 삶을 단순하게 만들어 준다. 복잡하게 엉킨 채 살아가는 이들과는 대조적인 모습이다. 목적을 발견한 사람은 그 목적을 이루기 위해 필요한 것들을 정리하고 계획을 세우기 마련이다. 바울은 자신이 가진 모든 것들을 해로 여기고 버리는 일부터 시작했다. 모든 것을 버린 바울에게는 이제 예수 그리스도만 남았다. 바울은 자신의 믿음이 어느 정도의 수준에 도달했든지 간에 푯대를 향해 계속해서 행할 것이라고 말한다(14-16절).

남자들이여, 그대가 가지고 있는 좋은 것들이 오히려 예수님을 닮아가는 삶을 방해한 적은 없었는가? 예수님을 따라 살면서 이전보다 더욱 소중하게 여기게 된 것은 무엇인가? 인생에 푯대를 가지고 있는가? 참된 목적과 목표를 발견한 사람은 게으를 수 없다. 그의 삶은 바빠서 피곤한 삶이 아니라 성실해서 즐겁고 감사한 삶이다. 이처럼 예수 그리스도 안에서 분명한 푯대를 가짐으로 인생을 누리며 신명나게 사는 남자들이 되자.

남자를 이끄는 힘

우물을 파는 묵상

1. 지나친 업무와 분주한 일상에 지쳐 있지는 않는가? 푯대 없이 갈팡질팡하느라 쓸데없이 에너지만 소비하며 살고 있지는 않는가? 삶의 질서를 바로잡기 위해 내게 어떠한 노력이 필요한가?

_____

_____

_____

_____

2. 죄인 중에 괴수였던 바울이 단순하면서도 힘 있는 인생을 살게 된 비결은 무엇인가? 예수님을 만나기 전과 후, 나의 인생의 방향과 목적은 어떻게 바뀌었는가?

_____

_____

_____

_____

_____

가치관_
말씀으로 비추는 삶

예수께서 베다니 나병환자 시몬의 집에 계실 때에 한 여자가 매우 귀한 향유 한 옥합을 가지고 나아와서 식사하시는 예수의 머리에 부으니 제자들이 보고 분개하여 이르되 무 슨 의도로 이것을 허비하느냐 이것을 비싼 값에 팔아 가난한 자들에게 줄 수 있었겠도 다 하거늘 예수께서 아시고 그들에게 이르시되 너희가 어찌하여 이 여자를 괴롭게 하느 냐 그가 내게 좋은 일을 하였느니라 가난한 자들은 항상 너희와 함께 있거니와 나는 항 상 함께 있지 아니하리라 _마 26:6-11

코끼리가 등에 개미 한 마리를 태우고 길을 가고 있었다. 그리고 그 들 뒤에 하루살이 한 마리가 부지런히 따라오고 있었다. 코끼리가 개 미에게 "야 개미야. 너무 무겁다. 이제 그만 내려라"고 말했다. 그러나 개미는 "시끄러 인마! 그따위 소리 한번만 더 하면 밟아 죽일 거야"라 고 소리쳤다. 둘이 싸우는 소리를 듣고 있던 하루살이가 말했다. "거 오래 살다보니 별일 다 보겠네." 재미있는 유머다. 그런데 사람들도 이와 비슷하다. 우리는 대체로 자기 입장에서 말하고 자기 수준에서

남자를 이끄는 힘

이해한다.

어떤 관점으로 보는지에 따라 사물에 대한 인식이 달라지고, 어떤 관점에서 생각하는지에 따라 사건에 대한 이해가 달라진다. 이처럼 우리가 무엇을 기준으로 생각하고 있는지는 매우 중요하다. 오늘 아침 눈을 떴을 때 떠오르는 단어는 무엇이었는가? 출근길에 마주친 사람들을 보며 무슨 생각을 했는가? 회사에서 불편한 일이 있었을 때 어떤 생각으로 상한 마음을 다독이는가? 이처럼 어떤 사안을 바라보고 해석하는 관점이자 기준을 우리는 '가치관'이라고 말한다.

남자들은 많은 위기 가운데 서있지만 자신의 마음을 털어놓을 대상이 별로 없다. 자신의 삶의 기준에 따라 모든 것을 판단하고 결정하면서 목표를 향해 쉼 없이 달려가지만, 이따금 흔들릴 때마다 자신을 든든하게 붙들어 줄 누군가가 없음에 외로워하는 남자들이 많다. 결국 남자들을 다독이고 일으켜 세우는 것은 그 누구도 아닌 자신의 가치관이다.

베다니 나병환자 시몬의 집에서 마리아가 예수님의 머리에 향유 옥합을 붓는 사건이 일어났다. 제자들은 마리아의 이 지극한 사랑의 행위를 쓸데없는 돈 낭비로 여기고 분노한다. 비싼 값에 되팔아 가난한 자들에게 나눠 줄 수 있었다며 무슨 의도로 그 귀한 것을 허비하였냐고 마리아를 몰아붙인다. 귀한 향유를 부은 마리아의 마음도 그 사랑을 받고 있는 예수님의 마음도 그들의 관심 밖에 있었다.

사람은 누구나 자신의 기준으로 다른 사람들의 생각과 말과 행동을 판단한다. 남자들이 범하는 가장 큰 오류 중의 하나가 바로 이 일반화의 오류다. 다른 사람들도 다 자신과 같이 생각할 거라 기대하지만, 실제로 그런 사람은 별로 없다. 그래서 남자들은 특별히 더 외로운지도 모르겠다. 주변에 자신과 같은 생각과 마음을 가진 사람이 없기 때문에 공감받지 못하고 스스로 혼자라고 느끼는 것이다.

남자들이여, 아무 때나 목소리를 크게 내지는 않는가? 때때로 잠잠하게 주변을 살펴보자. 나만의 기준을 가지고 목청껏 외치다가 큰 목소리만큼이나 큰 망신을 당할 때가 있다. 내가 가진 확신들은 사실 다른 것에 비해 확률이 약간 높은 것 뿐임을 알고 있는가? 실제로 시대가 바뀌면서 기준이 옮겨지기도 한다. 그러나 혼동하지 말아야 할 것은 하나님의 말씀, 즉 성경은 여전히 달라진 것이 없다는 거다. 나의 관점과 주장을 내려놓고 하나님의 말씀을 묵상하고 마음에 새기자.

우물을 파는 묵상

1. 인생의 좌우명이 있는가? 그 좌우명은 성경 안에서 기초한 것인가? 나의
   좌우명과 연관된 성경구절이 있다면 찾아 적어보자.

2. 나의 관점을 내려놓고 하나님의 관점을 붙들기 위해 내게 어떠한 노력이
   필요한가?

소원_
내 뜻대로 마옵시고

아버지여 만일 아버지의 뜻이거든 이 잔을 내게서 옮기시옵소서 그러나 내 원대로 마시옵고 아버지의 원대로 되기를 원하나이다 하시니 _눅 22:42

어린 시절, 운동회 날이 다가오면 음료수와 자장면을 먹으리라는 기대감에 즐거웠던 기억이 난다. 명절 전날 밤에는 다음 날 입을 멋진 새 옷 때문에 흥분을 참지 못하고는 자다가 일어나서 옷을 만져보기 일쑤였다. 우리는 크고 작은 소박한 소원과 함께 성장해 왔다. 내가 원하는 것을 얻을 때 느끼는 행복은 그 무엇과도 비교할 수 없다. 그러나 만일 나의 소원을 포기할 상황이 온다면 어떻겠는가?

인류를 위한 대속 사건은 메시아로 오신 예수님이 결코 주저할 일이 아니었다. 하지만 인간의 몸을 입으신 하나님의 아들은 십자가 형벌의 고통 앞에서 신음하는 인간적 고뇌와 슬픔의 극치를 보여 주셨다(히 4:15). 그러고는 자신의 생각, 자신의 소원이 아니라 "아버지의 원

남자를 이끄는 힘

대로" 되기를 기도하셨다(눅 22:42). 예수님은 죽음의 쓴잔이 옮겨지길 기도하시면서도, 스스로 고난을 선택하고 자신을 하나님 아버지께 온전히 맡기는 겸손과 순종의 모습을 보이셨다.

남자들에게도 할 수만 있다면 피하고 싶은 일들이 많다. 하나님을 기쁘시게 하는 일과 자신이 즐거워하는 일 사이에서 갈등할 때도 많다. 하지만 어렵고 힘든 상황 속에서 하나님의 원대로(고전 10:31) 살기 위해 위험하고 고통스러운 일들을 용기 있게 선택하는 것이야말로 믿음이다. 아버지의 원대로 하기로 선택한 순간 "천사가 하늘로부터 예수께 나타나 힘을 더하더라"고 성경은 기록한다(눅 22:43). 하나님은 하나님의 원대로 살기로 결단한 인생을 도우시고 그와 함께하신다. 그래서 우리의 연약한 부분들을 온전케 하시고 강하게 하셔서 우리가 감당하기 힘든 일들도 감당케 하신다.

내 인생의 방향에 영향을 미치는 결정 앞에서 나는 어떠한 모습을 보이는가? 여전히 하나님의 인도하심을 믿으며 하나님 아버지의 원대로 되게 해달라는 기도를 드리는가? 하나님의 능력이 우리 삶의 현장에 역사하시는 순간은, 우리 자신의 소원을 내려놓고 아버지의 원대로 살기를 희망하며 하나님의 은혜를 구할 때이다. 남자들은 내 힘대로 내 소원대로 이끌고 가려는 어리석음을 범하지 말아야 한다. 하나님이 기뻐하시는 방법대로 세상을 살아가자. 내 힘을 빼고 하나님의 능력을 내 안에 채우자.

남자들이여, 내 소원은 하나님의 소원과 얼마나 일치하는가? 내 삶에 가장 큰 위기가 찾아올 때 내 결정 기준은 무엇인가? 해바라기가 태양을 바라보며 성장하듯 하나님 아버지의 원대로 사는 방법이 무엇인지를 헤아리며 매일을 살아가자.

우물을 파는 묵상

1. 나의 명철을 의지했다가 실패한 경험이 있는가? 나의 생각보다 높고 깊은
   하나님의 지혜를 발견한 경험이 있는가?

_____

_____

_____

_____

_____

2. 하나님의 인도하심과 나의 계획이 일치하지 않을 때 나는 어떻게 반응하
   는가? 나의 소원과 하나님의 소원 사이에는 어느 정도의 간극이 있는가?

_____

_____

_____

_____

_____

시선_
바라봄의 법칙

나의 영혼아 잠잠히 하나님만 바라라 무릇 나의 소망이 그로부터 나오는도다 오직 그만
이 나의 반석이시요 나의 구원이시요 나의 요새이시니 내가 흔들리지 아니하리로다 _시
62:5-6

아침에 일어나 경건의 시간을 마치고 나면 곳곳에서 많은 소식을 접
한다. 그러나 신문이나 뉴스에서 쏟아져 나오는 소식은 포악과 탈취
와 속임수, 각종 사건과 사고에 관한 것이 대부분이다. 매연과 황사로
앞이 잘 보이지 않는 길을 걸어야 하는 답답하고 암울한 현실에서, 남
자들은 어떻게 건강한 그리스도인으로 살 수 있을까?

시편 기자의 대답은 단순하다. '하나님만 바라보는' 그리스도인으
로 살라는 것이다(시 62:1). 인생의 목적이 구원받은 하나님의 백성으로
서 구원의 즐거움을 누리고 사는 데 있다면 인생은 단순해진다. 하지
만 하나님 안에서의 즐거움도 맛보고 세상의 즐거움도 겸하여 누리고

170

싶다면 인생은 그 순간부터 복잡해진다.

생각해 보라. 넘어지는 담과 흔들리는 울타리(3절) 앞에서 위태로운 삶을 살 필요가 없지 않은가. 거짓으로 우리 인생을 곤두박질치게 만드는 세상에서 굳이 살아남기 위해 바동거릴 필요가 없다. 세상 사람들은 정글의 법칙을 가지고 약육강식의 원리에 따라 투쟁적으로 살아간다. 그러나 우리 그리스도인들은 하나님의 말씀을 가지고 사랑의 법칙에 따라 화평을 누리며 살아가야 한다. 인생은 단순할수록 행복해진다. 현대인들이 너무 많은 것을 먹고 취한 결과, 복잡하고 고달픈 인생으로 전락하고 말았다.

시편 기자는 단순하게 하나님만을 바라볼 뿐 아니라 "그의 앞에서 마음을 토하라"(8절)고 제안한다. 남자들의 마음에는 쌓인 말이 너무 많다. 있는 그대로, 느꼈던 그대로 말하고 싶지만 그 말을 쏟아 놓을 사람도 장소도 여의치 않다. 그래서 마음에 담아둔 서러움도 많고 분노도 많고 좌절도 많다. 마음을 토하는 일은 인생의 짐을 벗어 버리는 일이다. 더부룩한 배가 불쾌감을 주듯, 토하지 못한 말은 인생을 불쾌하게 만든다. 나의 반석이시요, 나의 구원이시요, 나의 요새이신 하나님이야말로 남자들의 인생에 있어서 얼마나 탁월한 피난처인가?

남자들이여, 내 인생의 청정지역을 아는가? 요동치는 세상 속에서 하나님만을 바라보는 그곳이, 그분 앞에 마음을 토하는 그 시간이 내 인생의 청정지역이다. 인생이 힘들고 어려운가? 잠시 멈춰 서서 나를 힘들게 하는 모든 것들로부터 눈을 돌려 하나님을 바라보자. 그리고 그분께 내 마음을 토해 보자. 그 순간, 인생의 상쾌함을 맛보게 될 것이다. 남자들에게 필요한 것은 푸른 골프장이 아닌 영혼의 청정지역이다. 그곳에서 마음을 새롭게 짓고 인생을 누리는 것이 어떤가?

남자를 이끄는 힘

1. 우리는 희망을 발견하기 어려운 갹팍한 시대를 살고 있다. 그럼에도 불구하고 내가 살아야 하는 이유, 살아가는 이유, 그리고 살아갈 수 있는 이유는 무엇인가?

_____

_____

_____

_____

2. 크리스천 남성들에게 필요한 힘은 골방에서 나온다. 그곳은 하나님을 바라보는 곳이고 그분과 은밀히 소통하는 곳이며 하늘의 지혜를 얻는 곳이기 때문이다. 나는 하나님과의 독대가 가능한 곳, 내 영혼의 청정지역을 가지고 있는가? 조용하고 한적하며 나의 있는 모습 그대로 잠잠히 머무를 수 있는 곳이 있는가?

_____

_____

_____

_____

_____

사랑_
행함과 진실함으로

저녁 먹는 중 예수는 아버지께서 모든 것을 자기 손에 맡기신 것과 또 자기가 하나님께
로부터 오셨다가 하나님께로 돌아가실 것을 아시고 저녁 잡수시던 자리에서 일어나 겉
옷을 벗고 수건을 가져다가 허리에 두르시고 이에 대야에 물을 떠서 제자들의 발을 씻
으시고 그 두르신 수건으로 닦기를 시작하여 _요 13:3-5

새 계명을 너희에게 주노니 서로 사랑하라 내가 너희를 사랑한 것 같이 너희도 서로
사랑하라 너희가 서로 사랑하면 이로써 모든 사람이 너희가 내 제자인 줄 알리라 _요
13:34-35

고등학교를 졸업하기까지 교장 선생님의 훈시를 참 많이 들었던 것 같
다. 그런데 놀라운 것은 그렇게 많은 이야기를 들었는데도 기억나는
것이 거의 없다는 점이다. 그 이유를 생각해 보니 말로 그친 가르침이
었기 때문이 아닌가 한다. 말로 누군가를 가르치는 것보다 더 강력한
것은 삶의 현장에서 직접 보여 주는 것이다. 사랑을 말하는 사람에게
서는 사랑을 확인할 수 있어야 한다. 행동과 실천이 없는 가르침은 공

남자를 이끄는 힘

허한 메아리와 울리는 꽹과리 같기 때문이다.

기존의 고정관념을 깨뜨리고 신선한 충격을 주는 일들은 사람의 마음을 움직일 뿐만 아니라 평생 잊지 못할 기억으로 남게 한다. 마가의 다락방에서 보여 주신 예수님의 사랑은 제자들 모두에게 공평하고 진실되게 전달되었다. 돌발적인 행동처럼 보일 수 있는 예수님의 세족식은 당시 사회의 통념을 뛰어넘어 파격 그 자체였다. "서로 발을 씻어 주는 것이 옳으니라"(요 13:14)는 예수님의 가르침은 진정 새 계명이었다.

하나님의 사랑은 나 혼자만의 축복이 아니라 모두를 향한 사랑이다. 반면 바리새인들은 자기 자신의 의를 쌓는 데에만 급급했다. 원칙과 원리로 남을 판단하고 정죄하는 것이 그들의 일상이었다. 그런데 예수님은 서로를 정결케 만드는 사랑의 표본을 보여 주셨다. 자신을 은 30에 팔아넘길 가룟 유다까지도 비판하거나 정죄하지 않으시고, 다른 제자들과 동일하게 섬기며 사랑하셨다. 유언과도 같은 말씀을 앞두고 제자들에게 보여 주신 사랑의 모범이었다.

사랑의 기준은 "내가 너희를 사랑한 것 같이 너희도 서로 사랑하라"(34절)는 것이다. 우리는 사랑한다는 표현을 가볍게 자주 사용한다. 그러나 그리스도인에게 사랑한다는 말의 의미는 예수님이 나를 사랑하신 것처럼 사랑하겠다는 뜻이다. 그리스도인의 기준은 예수 그리스도이다. 따라서 주님이 사셨던 것처럼 살아가는 남자의 삶은 정결하고 경건해야 한다.

남자들이여, 그리스도인으로서 우리는 원칙과 원리를 따라 정죄하고 비판하는 일에 익숙하지는 않은가? 상대가 누구든지 사랑으로 섬기고 서로를 정결케 함으로, 온전함을 이루는 인격과 섬김의 자세를 갖고 있는가? 나의 삶 속에서 불신자들이 진정한 사랑을 발견하는, 이전과 다른 삶을 살아가고 있는지 점검해 보자.

　　　　　　　　　　　　　　　남자를 이끄는 힘

우물을 파는 묵상

1. 누군가에게 사랑받고 있음을 느껴 본 적 있는가? 그리고 누군가를 뜨겁게 사랑해 본 적 있는가? 조건 없이 사랑하고 사랑받았던 기억이 있다면 떠올려 보자.

2. 행함과 진실함으로 사랑한다는 것은 어떤 의미인가? 우리에게 사랑의 본을 보여 주신 분을 알고 있는가? 그동안 내가 누군가에게 베풀었던 사랑과 그분의 사랑은 어떻게 다른가?

겸손_
내 가는 길만 비추기보다

겸손한 자는 먹고 배부를 것이며 여호와를 찾는 자는 그를 찬송할 것이라 너희 마음은
영원히 살지어다 _시 22:26

유난히 마음이 따뜻하고 표정이 온화하며 얼굴에 평안함이 가득한 이
들이 있다. 그런 사람을 대할 때면 나도 모르게 마음이 정화되곤 한
다. 그 사람의 얼굴에는 지금껏 살아온 인생의 흔적과 앞으로 살아갈
인생에 대한 희망이 담겨 있다. 이런 아름다운 얼굴을 가진 사람들은
대부분 겸손한 사람들이다.

　얼마 전까지 나는 무조건적으로 온유하고 다른 사람들을 배려하는
사람이 겸손한 사람이라고 생각했었다. 그런데 최근 겸손에 대한 생
각을 달리하게 되었다. 아무것도 가진 것이 없고, 할 수 있는 것도 없
고, 아무런 능력이 없는 사람이 고개를 숙이는 것은 겸손이 아니다.
그것은 그저 현실에 대한 인정이라고 할 수 있다. 현실에 대한 인정을

남자를 이끄는 힘

겸손이라고 말하기는 어렵다. 그런데 사람들에게 칭송을 받을 정도로 성공한 사람이 누군가를 배려하고 자기를 낮추었다면 그것은 겸손이다. 겸손이란 자기 자신을 비천하게 생각하는 것이 아니다. 오히려 겸허하게 다른 사람의 장점을 인정하는 넉넉한 마음의 소유자에게서 볼 수 있는 삶의 태도이다.

그래서 겸손은 아무나 할 수 있는 것이 아니다. 능력을 갖추고 있는 사람만이 겸손할 수 있다. 누군가에게 겸손이 필요한 순간이 찾아왔다면, 그는 성숙했거나 성공한 사람이다. 자랑할 것이 없는 사람이 겸손해질 수 없기 때문이다. 이런 생각을 하다 보니 문득 겸손한 사람이 되고 싶어졌다. 어쩌면 겸손이라는 옷을 입은 성공지향적인 생각일지도 모른다. 겸손이 필요할 정도로 잘 살고 싶은 것이 사실 남자들의 본심이다.

그동안 우리는 겸손하게 살라는 이야기들을 흔하게 나누며 살아왔다. 그런데 겸손이 필요할 정도로 성장하고 성공하라는 말은 별로 해본 적이 없다. 이제부터라도 내 인생의 많은 영역에서 겸손이 필요할 정도로 성장하고 성숙해야겠다는 생각이 든다. 물론 이를 위해서도 겸손의 자세가 필요하다. 자신의 부족함을 인정할 줄 아는 사람이 성장하고 성숙할 수 있기 때문이다. 이처럼 겸손은 또 다른 겸손을 불러일으킨다.

인생은 겸손 수업의 연장이다. 겸손에는 중간 결산이 없다. 인생의 마지막 자락에서 자신의 삶의 열매들을 바라보며 갖게 되는 마음 중

하나가 겸손이다. 조급함에 익숙해진 사람들은 하루 빨리 위대해지기를 바라기 때문에 허망한 망상에 빠지고 만다. 겸손한 삶을 살기 위해서는 위대해지려는 욕망을 내려놓고 성실한 삶을 살아야 한다.

진심으로 겸손한 인생이 되고 싶다. 남은 삶 동안 마음에 간직한 꿈을 성실하게 이뤄가고, 겸손이 필요한 수준까지 성장하고 싶은 욕심이 생긴다. 인생에 대한 자신감과 자긍심을 겉으로 드러내면 자칫 교만해질 수 있지만, 이를 마음 깊이 담아두고 세상을 바라보는 사람은 겸손해질 수 있다. 누군가에게 평안과 도전을 불러일으킬 수 있는 겸손한 사람이 되자.

1. 말과 행동이 겸손한 사람을 만나본 적 있는가? 그 사람을 대할 때 나의 마음은 어떠했는가?

_____

_____

_____

_____

2. 나는 나의 부족함과 연약함을 스스로 인정하며 사는가? 그리고 겸손의 왕으로 오신 예수님과 동행하며, 겸손한 그리스도인으로 빚어지고 있는가?

_____

_____

_____

_____

감사_
고난이 닥쳐올 때도

바로와 그의 군대를 홍해에 엎드러뜨리신 이에게 감사하라 그 인자하심이 영원함이로다 그의 백성을 인도하여 광야를 통과하게 하신 이에게 감사하라 그 인자하심이 영원함이로다 _시 136:15-16

얼마 전 한 재미교포를 만났다. 그는 환갑을 바라보는 나이의 성공한 남성이다. 자신이 원하는 것을 어느 정도 이루었고, 자녀들도 결혼해 좋은 직장을 다니며 열심히 일하고 있다고 했다. 오랫동안 가까이 지내온 사이이기에 그가 힘들고 어려웠던 과거를 잘 극복하고 성공했다는 것은 알고 있었다. 이야기를 나누던 중에 그가 자신의 지갑에 있는 작은 종이 하나를 꺼내 보여 주었다. 그 종이에는 '○ ○ ○ 거리에서의 새벽 시간을 기억하자'라고 적혀 있었다.

처음 미국으로 건너갔을 때 아내는 아프고 돈은 떨어지고 일할 곳은 없었단다. 새벽 거리를 걷는데 그처럼 비참하고 곤혹스러운 순간이 없더란다. 인생의 깊은 절망에 빠져 헤매던 그 순간은 죽음조차 생각할 수 없을 만큼 힘들었다고 한다. 그는 그 힘든 시간을 지나고 이제는 성공한 인생을 살고 있다. 그런데 그는 자신의 인생에서 결코 돌이키고 싶지 않은, 절망스러웠던 그 순간을 메모해 지갑에 넣고 다닌다고 했다. 자신의 인생에 이뤄진 많은 것들을 하찮게 여기지 않고 더욱 감사하며 살고 싶기 때문이란다.

그가 지금 누리고 있는 것들은 아무 대가 없이 그냥 얻은 것들이 아니다. 열심히 노력해서 얻은 여유로운 재정 상태, 좋은 차, 넓고 편안한 집, 그리고 잘 성장해서 자신들의 길을 가고 있는 자녀들, 건강한 가족들 하나하나가 자신의 인생에 큰 감사거리란다.

어려움을 겪어보지 않은 사람은 인생에 대한 감사를 배우지 못한 사람이다. 잃어버린 경험이 없는 사람이 사소한 행복의 가치를 알 리 없다. 그런데 현대사회는 욕심꾸러기 천지이다. 모두가 더 갖지 못해서 안달이다. 더 많이 가져야 하고 더 큰 것을 누려야 한다고 생각한다.

더 많이 갖겠다는 생각 대신 지금까지 경험한 것들에 대한 감사부터 챙겨보자. 지난 세월을 돌아보면 그때 그 시절 우리는 지금의 삶을 상상조차 할 수 없었다. 그런데 지금 우리는 수많은 것들을 누리고 살아간다. 나이만큼 커지는 것이 욕심이라고 했다. 욕심은 의욕과 희망을 불러일으키기도 하지만 자칫 '욕된 마음'이 될 가능성도 높다.

내 인생에도 어려운 시절이 있었다. 막내아들로 부족함 없이 지내던 내가, 대학에 들어가면서 스스로 독립을 선언하고 청파동 언덕에 있는 한 허름한 집에서 생활을 했었다. 청년기의 그 아프고 힘겨웠던 순간들, 지금은 마음의 굳은살이 되어 어떤 일도 이겨낼 수 있는 디딤돌이 되었다. 그래서 그 힘겨웠던 순간들이 이제는 감사하다. 환갑을 앞둔 그 남성의 메모를 보며 마음속으로 이렇게 새겨 보았다. '청파동 언덕을 오고 가던 그 시절을 잊지 말자!'

우물을 파는 묵상

1. 고난이 닥쳐올 때 나는 그럼에도 불구하고 감사하는가, 아니면 그렇기 때문에 불평하고 원망하는가?

_____

_____

_____

_____

_____

2. 과거의 힘든 시간을 지날 때 내게 가장 힘이 되었던 것은 무엇이었는가? 그리고 오늘 내 인생을 돌이켜 볼 때 가장 큰 감사거리는 무엇인가?

_____

_____

_____

_____

_____

친구_
우는 자와 함께 울라

침상에 누운 중풍병자를 사람들이 데리고 오거늘 예수께서 그들의 믿음을 보시고 중풍병자에게 이르시되 작은 자야 안심하라 네 죄 사함을 받았느니라 _마 9:2

침상에 누워 자신의 인생을 뜻대로 살 수 없는 한 중풍병자가 있었다. 사람들이 그를 예수님 앞으로 데려가려 했지만 밀려든 인파 때문에 여의치가 않았다. 그러자 그들은 지붕을 뜯고 침상을 내려 예수님께 그를 데려왔고, 그 중풍병자는 나음을 입었다. 중풍병자를 예수님 앞으로 인도한 이들은 부모도 형제도 아닌 친구들이었다.

단거리 선수가 경주로를 질주하듯 분주하게 살아온 인생, 어느 날 문득 뒤돌아보니 홀로 덩그러니 서있는 것 같은 기분이 드는 것이 중년 남자들의 삶이다. 마음을 열어 진솔하게 대화를 나누고, 사회관계나 이해타산을 초월하여 생각을 나눌 만한 친구를 손꼽아 보면 다섯 손가락 채우기가 힘들다. 어려움 당했을 때 달려올 친구 한 명 떠올리

남자를 이끄는 힘

는 것도 쉽지 않다. 내가 만약 중풍병에 걸린다면, 지붕을 뜯고 침대를 매달아 예수님 앞에 나를 내려 줄 친구는 누구일까? 그런 친구가 내게 몇 명이나 될까?

친구는 사랑이 끊어지지 않으며(잠 17:17), 어떤 친구는 형제보다 친밀하다고 성경은 말한다(잠 18:24). 좋은 친구는 산과 같아서 온갖 새와 짐승의 안식처처럼 늘 그 자리에서 반겨 준다. 생각만 해도 마음이 편하며, 함께 싹을 틔우고 곡식을 길러낼 수 있는, 누구에게도 조건 없이 기쁜 마음으로 베풀어 줄 수 있는 한결같은 마음의 소유자가 친구이다.

다윗과 요나단은 이와 같은 우정을 나눈 좋은 친구들이다. 사울 왕의 지치지 않는 추적 속에서도 다윗과 요나단이 나눈 우정은 다윗으로 하여금 분노와 복수의 화신이 되지 않도록 막아 주는 방파제였으며, 곤고한 도망자의 평안한 안식처였다. 친구 다윗을 향한 요나단의 우정은 신분을 초월한 깊은 사랑이었다.

'친구란 내 슬픔을 등에 지고 가는 자'라는 인디언 속담이 있다. 배우자와 가족이 내 인생의 가장 좋은 친구로 서있는지, 마음 풀어놓고 함께 울고 웃을 친구가 있는지 여유를 갖고 생각해 볼 일이다.

남자들이여, 그대에게는 어떤 친구가 있는가? '인생(人生)은 인생(忍生)'이라는 말이 있다. 인내하며 살아야 할 일이 많은 것이 요즘 현실이다. 힘든 순간마다 자신의 마음을 지켜 주는 배우자와 상한 마음을 거리낌 없이 털어놓을 수 있는 좋은 친구가 있다면 인생(忍生)도 살아볼 만할 것이다. 하지만 그 모든 것보다 먼저 하나님과 친구가 되라. 그러면 힘든 세상에서도 그대는 행복한 인생을 살 수 있을 것이다.

우물을 파는 묵상

1. 슬플 때 함께 울어주고 기쁠 때 함께 웃어주는 친구들이 있는가? 친구들과 함께 울고 웃었던 기억을 떠올려 보자. 그 친구들에게 그리스도인인 내가 전할 수 있는, 가장 큰 사랑은 무엇이라고 생각하는가?

....

....

....

....

2. 육신의 가족과 친구가 하나같이 등을 돌릴 때에도, 끝까지 나의 손을 잡아주고 외로운 길을 함께 걸어 주시는 한 분을 알고 있는가? 혹시 나는 그 친구를 외롭게 홀로 버려두고 있지는 않는가?

....

....

....

....

....

교회_
그럼에도 불구하고, 소망

이제 이곳에서 하는 기도에 내가 눈을 들고 귀를 기울이리니 이는 내가 이미 이 성전을
택하고 거룩하게 하여 내 이름을 여기에 영원히 있게 하였음이라 내 눈과 내 마음이 항
상 여기에 있으리라 _대하 7:15-16

1981년 3월 30일 로널드 레이건(Ronald Reagan) 대통령은, 평소 흠모하
던 여배우의 관심을 끌고자 총을 꺼내 들었던 한 미치광이에게 저격
을 당했다. 그런데 레이건은 목숨의 위협을 받고도 오히려 자신을 걱
정하며 지켜보는 사람들을 안심시키려고 노력했다고 한다. 아내에게
는 "여보, 고개를 숙이는 것을 깜빡했어"라고 사과를 했고, 수술용 침
대에 누워 수술실 안으로 들어가면서 의사에게는 "의사 양반, 선생이
충실한 공화당원이라고 말해 주겠소?"라고 말하며 씽긋 웃었다고 한
다. 또 그의 딸에게는 "제일 좋은 양복 하나를 버렸구나"라고 했는가
하면, 유언을 남긴다며 의료진에게 "나를 LA로 보내주게. 거기서는 내

남자를 이끄는 힘

가 숨 쉬는 공기를 볼 수 있거든"이라고 말했다고 한다. 왼쪽 가슴에 총을 맞은 위급한 상황에서 나온 말들이라고는 믿기 어려울 정도다. 인생을 살다 보면 전혀 상상하지 못한 위기를 만나기도 하고, 달리 손쓸 수 없을 정도로 막막한 환경에 놓이기도 한다. 그래서 남자들에게는 자기 자신을 관리할 수 있는 삶의 원칙과 기준이 필요하다.

이스라엘 백성들에게 성전은 하나님과의 교제와 화목의 장소였다. 아버지 다윗이 완성하지 못한 성전이 마침내 완공되자, 솔로몬은 낙성식을 통해 하나님께 감사드렸다. 이에 하나님은 솔로몬에게 축복과 저주에 대한 말씀을 하신다. 성전은 하나님의 임재와 영광을 상징하지만, 이스라엘 민족이 불순종하고 다른 신을 섬기는 순간 세상 사람들의 속담거리와 이야깃거리로 전락할 것이라는 경고의 말씀이었다 (대하 7:20). 솔로몬과 이스라엘 백성들은 완공된 성전을 바라만 보아도 행복했을 것이다. 눈에 보이는 성전 자체가 자신들에게 하나님이 함께하신다는 확신을 심어 주었을 것이다.

그러나 하나님은 성전 완공의 기쁨에 빠져있던 그들에게, 성전 자체가 중요한 것이 아니라고 말씀하신다. 하나님은 그들에게 "악한 길에서 떠나 스스로 낮추고 기도하여 내 얼굴을 찾으면 내가 하늘에서 듣고 그들의 죄를 사하고 그들의 땅을 고칠지라"(14절)고 말씀하신다. 그리고 하나님께서 그 기도를 들으시는 장소가 다름 아닌 성전이라고 말씀하신다(15절). 성전은 하나님의 눈과 마음이 항상 있는 거룩한 곳이기에, 그곳을 자부심의 대상이 아닌 기도의 처소로 삼으라고 말씀하시는 것이다(16절).

그리스도인이라는 신분 자체가 모든 문제를 해결해 주지 않는다. 교회를 다니는 것 자체에 만족해서는 안 된다. 만민이 기도하는 집인 교회에서 하나님을 찾고 구해야 한다. 기도할 때 하나님의 눈과 하나님의 마음이 우리와 함께하신다고 했다. 또한 하나님은 솔로몬에게 "네 아버지 다윗이 행한 것과 같이 하여 내가 네게 명령한 모든 것을 행하여 내 율례와 법규를 지키면 내가 네 아버지 다윗과 언약하기를 이스라엘을 다스릴 자가 네게서 끊어지지 아니하리라 한 대로 하리라"(17-18절)고 말씀하신다. 신앙은 생각에 머무르는 개념이나 상징이 아니다. 내 삶의 모든 것을 전적으로 하나님께 위탁하는 것이다. 그리고 그 하나님께 기도하고 말씀에 순종하는 것이다. 이러한 실천적인 신앙만이 우리 인생에 형통을 가져다준다.

남자들이여, 형통한 삶을 살기 원하는가? 먼저 기도하라. 그리고 말씀을 지켜 순종하라. 자신을 하나님께 위탁하지 않고 말씀을 살아내지 않으면서 형통함을 기대하지 말라. 이름뿐인 그리스도인이 되지 말자. 힘들고 어려울수록 더 기도하고 마음이 어지러울수록 말씀 앞에 더 머물자. 그러면 어떤 상황 속에서도 형통한 삶을 누릴 수 있을 것이다.

우물을 파는 묵상

1. 이 땅의 소망은, 그럼에도 불구하고 여전히 교회에 있음을 믿는가? 교회는 그리스도의 몸(엡 1:23)이라고 했다. 그리스도의 몸 된 교회를 나는 얼마나 아끼고 사랑하는가? 세상 사람들과 함께 교회를 무시하고 조롱하지는 않았는가?

2. 나 자신이 거룩한 하나님의 성전임을 알고 있는가? 내 안에 말씀이 메마르지는 않았는가? 기도의 호흡이 끊어지지는 않았는가? 나의 경건생활에 회복해야 할 것들이 무엇이 있는지 점검해 보자.

공동체_
인생의 든든한 세 겹 줄

혹시 그들이 넘어지면 하나가 그 동무를 붙들어 일으키려니와 홀로 있어 넘어지고 붙들어 일으킬 자가 없는 자에게는 화가 있으리라 또 두 사람이 함께 누우면 따뜻하거니와 한 사람이면 어찌 따뜻하랴 한 사람이면 패하겠거니와 두 사람이면 맞설 수 있나니 세 겹 줄은 쉽게 끊어지지 아니하느니라 _전 4:10-12

힘들고 어려울 때 내게 따뜻한 미소를 지어 주는 사람이 있는가? 많이 힘들지 않냐고 진심으로 물어 주는 사람이 있는가? 당신의 노력을 누구보다도 내가 잘 알고 있다고 말해 주는 사람이 있는가? 만약 있다면 그대는 인생의 홍해를 능히 건너갈 수 있을 것이다.

한창 잘나가던 사업이 무너져 고난 가운데 있는 한 중년 남자가 있다. 그는 고난 자체도 힘들지만 모두가 자신을 외면하고 떠나버려 홀로 남겨진 것이 가장 힘들다고 했다. 전도서의 말씀처럼 "두 사람이 함께 누우면 따뜻"(전 4:11)해지듯이, 어려울 때 함께하는 사람이 있다는 것 자체가 고난을 극복하는 힘이 된다.

남자를 이끄는 힘

세상에서 가장 큰 포유동물 중 하나인 흰긴수염고래는 말은 못해도 노래를 잘 부른다. 이 고래가 노래할 때 나는 소리는 188데시벨로 제트엔진보다 크다고 한다. 그런데 놀라운 것은 전 세계의 모든 흰긴수염고래가 동시에 똑같은 노래를 부를 수 있다는 것이다. 태평양의 흰긴수염고래들이 노래를 바꾸면 대서양의 흰긴수염고래들도 노래를 똑같이 바꾼다는 것이 실험 결과 밝혀졌다. 마치 지휘자라도 있는 듯 합창을 한다는 것이다.

전도서 기자는 "두 사람이 한 사람보다 나음은 그들이 수고함으로 좋은 상을 얻을 것"(9절)이라고 말한다. 남자들이 믿음의 공동체 안에서 서로 신뢰하고 존경하며 영적인 교제를 나누는 것은 매우 중요하다. 바울은 "모두가 같은 말을 하고 너희 가운데 분쟁이 없이 같은 마음과 같은 뜻으로 온전히 합하라"(고전 1:10)고 말한다. 그리고 "마음을 같이하여 같은 사랑을 가지고 뜻을 합하며 한마음을 품어"(빌 2:2)라고 권면한다.

사람은 결코 홀로 살 수 없다. 우리는 믿음의 공동체 안에서 "넘어지면 하나가 그 동무를 붙들어 일으키려니와 홀로 있어 넘어지고 붙들어 일으킬 자가 없는 자에게는 화가 있으리라"(전 4:10)는 말씀을 익히 경험해 왔을 것이다. 힘들어 무너질 때, 우리는 혼자 힘으로 일어날 수 없지만 주변 사람들이 붙들어 주는 힘으로 다시 일어나 설 수 있다. '나홀로 신앙생활'이 편하다고 말하는 남자들이 있다. 모이는 것 자체가 부담스럽고 시간 낭비라는 것이다. 그러나 홀로 신앙생활 하는 사람은 고난의 파도가 덮쳐 올 때에도 홀로 감당해야만 한다.

하나님이 우리에게 원하시는 하나됨은 획일화가 아닌 연합이다. 각자 맡은 파트를 연주하여 하나의 아름다운 화음을 이루어내는 오케스트라와 같다. 누군가에게 내 뜻을 전하고 싶다면 먼저 그 사람의 이야기를 끝까지 들어주어야 한다. 그리고 그가 내 뜻을 이해하고 공감하며 동참하기 원할 때까지 기다려 주어야 한다. 남자들에게 가장 큰 부담이자 힘이 되는 공동체가 가정이다. 가족 구성원들끼리 서로의 차이를 지적하지 않고 각자의 다름을 인정함으로 아름다운 하모니를 꽃피우는 곳이 바로 가정이다.

남자들이여, 나의 인생을 든든하게 만들어 주는 세 겹 줄을 가지고 있는가? 교회와 가정 외에 무엇이 당신의 세 겹 줄이 되어 주고 있는가? 어떤 상황에서도 나와 함께해줄 세 사람을 그대는 가졌는가? 인생의 각 영역별로 내 인생을 견고케 하는 세 겹 줄을 찾아보자.

우물을 파는 묵상

1. 내 인생을 든든하게 만들어 주는 세 겹 줄을 가지고 있는가? 그들과 함께 있을 때 진정한 코이노니아(koinonia, 교제)를 경험하고 있는가?

_____

_____

_____

_____

2. 다름은 결코 틀림이 아님을 공동체 안에서 실천하고 있는가? 힘든 일을 만났을 때 혼자가 아니었기에 쉽게 일어날 수 있었던 경험이 있는가?

_____

_____

_____

_____

_____

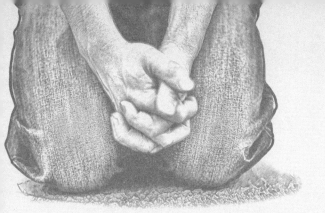

chapter **5**

살 거 나 .
살   아
내 거 나

세   상   을
이   기   는
믿   음

친구 여러분,
주님이 오실 때까지 참고 기다리십시오.
여러분도 알다시피, 농부들은 늘 이렇게 합니다.
농부들은 귀한 곡식이 자라기를 기다립니다.
더디지만, 비가 내려 분명한 결과를 낼 것을
인내심을 가지고 기다립니다.

여러분도 그렇게 참고 기다리십시오.
마음을 한결같이 강하게 하십시오.
주님은 언제라도 오실 수 있습니다.

야고보서 5장 7-8절, 메시지

한 남자의 죽음

모세가 아론의 옷을 벗겨 그의 아들 엘르아살에게 입히매 아론이 그 산 꼭대기에서 죽으니라 모세와 엘르아살이 산에서 내려오니 온 회중 곧 이스라엘 온 족속이 아론이 죽은 것을 보고 그를 위하여 삼십 일 동안 애곡하였더라 _민 20:28-29

사람은 누구나 죽는다. 죽음이란 맞서 싸워야 할 적이 아니라 위엄을 갖고 맞이해야 할 삶의 종착지다. 미국 브랜다이스 대학의 모리 슈워츠(Morrie Schwartz) 교수가 루게릭병에 걸려 죽음을 앞두고 사전 장례식을 가진 바 있다. 그는 죽기 전 매주 화요일마다 한 제자와 만나 인생에 대한 이야기를 나누었는데, 이를 묶은 책이 『모리와 함께한 화요일』이다. 그는 제자에게 말했다. "어떻게 죽어야 할지를 배우게 되면, 어떻게 살아야 할지도 배울 수 있다네." 죽음을 생각하는 것은 자신을 되돌아보는 진지한 반성이며, 이는 삶에 대해 보다 진실한 자세를 갖게 한다. 살아 있을 때 장례식을 치를 정도의 마음가짐이라면 남은 시간을 의미 있고 아름답게 장식할 수 있을 것이다. 그래서 죽는다는 것

남자를 이끄는 힘

은 어떤 의미에서 산다는 것을 뜻한다.

한편, 프랑스의 절대군주였던 루이 14세는 자신 앞에서 죽음이라는 단어를 사용하지 못하게 했다. 그는 밤에 죽음의 천사가 자신의 방으로 들어오지 못하도록 침실 창에 두터운 커튼을 쳐놓기도 했다. 그리고 20세기의 유명한 화가 피카소는 죽음 공포증에 걸려, 죽음이라는 단어만 들어도 자신이 죽을 것이라는 두려움에 휩싸였다고 한다. 죽음을 두려워하며 사는 인생은 이처럼 불안하다.

에돔 족속과 무력 충돌을 피해 가나안을 향해 가던 이스라엘 백성들은 호르 산에 이른다. 그리고 출애굽 40년 동안 이스라엘 백성들과 함께했던 아론은 하나님의 예언에 따라(민 20:12) 가나안에 들어가지 못하고, 자신의 아들 엘르아살에게 대제사장직을 승계한 뒤 최후를 맞이한다. 한 남자의 인생이 마감되는 웅장한 장면이다. 모세와 함께 이스라엘 백성을 이끌었던 대제사장이 죽음을 맞이하고 그의 아들이 직무를 승계하는 존엄한 순간이다. 한편, 아론이 가나안에 들어가지 못하고 호르 산에서 죽음을 맞이하게 된 배경은 므리바 사건에 있다. 리더는 어떤 순간에도 하나님의 은혜를 잊지 않고 하나님이 말씀하신 대로 살며 하나님만 높여야 함을 제대로 알게 해 준 사건이었다.

죽음을 맞이하는 아론의 마음은 어떠했을까? 가나안에 들어갈 수 없는 자신에 대한 연민과 대제사장 옷을 입은 아들을 향한 흐뭇함이 교차했을 것 같다. 우리는 우리 인생의 마지막 순간에 무엇을 바라보며 무엇에 감사하고 무엇을 아쉬워하게 될까? 그 순간 누구에게 어떤 메시지를 남기게 될까? 이처럼 죽음을 생각하면 앞으로는 하루하루 더 성실해야겠다는 생각과, 소중한 사람들과 행복하고 의미 있는 시간을 더 많이 가져야겠다는 생각을 하게 된다. 인생의 진정한 웰빙을 준비하게 되는 것이다.

남자들이여, 오늘 아론처럼 죽음을 맞이하게 된다면 내 인생에 가장 아쉬운 부분은 무엇이겠는가? 나를 아는 사람들에게 내 인생이 남기는 메시지는 무엇이겠는가? 죽음을 앞두고 어떠한 감사를 고백할 수 있겠는가? 웰다잉(Well dying)은 웰빙(Well being)이라고 한다. 자신에게 주어진 삶의 자리에서 최선을 다했고 하나님을 신실하게 믿고 살아왔다면 죽음은 두려운 것이 아니다. 오히려 새로운 출발의 소망이 된다.

우물을 파는 묵상

1. 사람은 누구나 한 번은 죽으며 그후에는 자기 삶의 결과와 마주해야 한다
   는 사실을 알고 있는가? 죽음은 대부분 예고 없이 찾아온다. 죽음을 맞을
   때 내 인생에 가장 후회되는 일은 무엇이겠는가?

   ....

   ....

   ....

   ....

2. 죽음을 생각할 때 나는 막연한 두려움이 앞서는가, 아니면 부활과 영생에
   대한 소망이 생기는가? 오늘이 마지막 날인 것처럼 생각하고 사는 사람의
   하루는 어떠하겠는가? 하나님이 맡기신 하루의 시간을 나는 선하고 알차
   게 사용하고 있는가?

   ....

   ....

   ....

   ....

다시 꾸는 꿈,
하나님 나라

또 내가 새 하늘과 새 땅을 보니 처음 하늘과 처음 땅이 없어졌고 바다도 다시 있지 않
더라 또 내가 보매 거룩한 성 새 예루살렘이 하나님께로부터 하늘에서 내려오니 그 준
비한 것이 신부가 남편을 위하여 단장한 것 같더라 내가 들으니 보좌에서 큰 음성이 나
서 이르되 보라 하나님의 장막이 사람들과 함께 있으매 하나님이 그들과 함께 계시리니
그들은 하나님의 백성이 되고 하나님은 친히 그들과 함께 계셔서 모든 눈물을 그 눈에
서 닦아 주시니 다시는 사망이 없고 애통하는 것이나 곡하는 것이나 아픈 것이 다시 있
지 아니하리니 처음 것들이 다 지나갔음이러라 _계 21:1-4

사람들에겐 저마다 꿈이 있다. 그리고 다들 꿈을 이루기 위해 살아가
지만 그 꿈을 이룬 뒤에도 여전히 또 다른 꿈을 꾼다. 그만큼 사람을
완벽하게 만족시킬 수 있는 꿈은 존재하지 않는다는 것이다. 이것은
인간이 갖는 한계이기도 하다. 그러나 구원의 역사가 종결되는 순간,
인간은 더 이상 결핍의 상태에 머물지 않는다. 부족함이 없는 구원의
완성에 들어가기 때문이다.

남자를 이끄는 힘

요한계시록 21장은, 성도들이 들어갈 하나님 나라가 단순히 세상을 약간 보완한 상태가 아니라 이 세상과는 전혀 다른 세계임을 보여준다. 우리가 장차 누릴 하나님 나라는 아담의 범죄로 말미암아 저주받은(창 3:22-24) 현재의 물질세계와는 달리, 하나님의 저주가 소멸되고 하나님과 인간의 관계가 완전히 회복된 새로운 세계다.

하나님 나라의 가장 큰 축복은 하나님과 함께하는 것이다. 하나님 나라에서 임마누엘6)의 축복은 일상의 축복이다. 성경은 임마누엘의 축복에 대해 "하나님이 그들과 함께 계시리니 그들은 하나님의 백성이 되고 하나님은 친히 그들과 함께 계셔서 모든 눈물을 그 눈에서 닦아 주시니 다시는 사망이 없고 애통하는 것이나 곡하는 것이나 아픈 것이 다시 있지 아니하리니 처음 것들이 다 지나갔음이러라"(계 21:3-4)고 말씀하고 있다.

이는 남자들이 그토록 목말라했던 위로와 공감, 치유와 회복이 담긴 말씀이다. 임마누엘은 인간의 모든 갈망을 다 충족하고도 남는다. 하나님은 완전한 새 세상에서 백성들이 누릴 영생의 삶을 계시로 알려 주셨다(5절). 완벽한 삶의 회복은 알파와 오메가요 처음과 마지막이신 하나님에 의해 완성된다. 그러나 이 축복은 믿음을 가지고 끝까지 인내할 때 누릴 수 있다. 세상을 이기고, 악을 이기며, 핍박과 고난을 이긴 자들은 하나님의 자녀가 되어 그 축복을 누리게 된다(7절).

---

6) '하나님이 우리와 함께 계시다'라는 뜻

남자들이여, 내가 가진 꿈이 나의 인생을 완벽하게 채워줄 수 있는 꿈인가? 내가 가진 꿈을 통해 내 인생을 완전하게 회복시킬 수 있다고 보는가? 완전한 사람이 없듯이 완전한 꿈도 없다. 인간의 연약함은 인생의 한계다. 한계를 뛰어넘어 온전한 인생을 살려면 예수 그리스도를 만나야 한다. 내 인생이 온전히 회복되는 시작점은 바로 예수 그리스도를 통해 받는 구원이다.

우물을 파는 묵상

1. 하나님 나라를 생각할 때 내 안에 소망과 기쁨이 생기는가? 혹시 아주 먼
   미래에 있을지 없을지도 모르는 미지의 세계쯤으로 여기며 살고 있지는
   않는가?

_____

_____

_____

_____

2. 하나님 나라가 하늘에서와 같이 땅에서도 이루어질 것을 분명히 믿는가?
   이 땅에서도 하나님 나라를 누리며 살 수 있는 비결은 무엇이라고 생각하
   는가?

_____

_____

_____

_____

_____

하나님의 때,
하나님의 방법

바사 왕 고레스 원년에 여호와께서 예레미야의 입을 통하여 하신 말씀을 이루게 하시려고 바사 왕 고레스의 마음을 감동시키시매 그가 온 나라에 공포도 하고 조서도 내려 이르되 바사 왕 고레스는 말하노니 하늘의 하나님 여호와께서 세상 모든 나라를 내게 주셨고 나에게 명령하사 유다 예루살렘에 성전을 건축하라 하셨나니 이스라엘의 하나님은 참 신이시라 너희 중에 그의 백성 된 자는 다 유다 예루살렘으로 올라가서 이스라엘의 하나님 여호와의 성전을 건축하라 그는 예루살렘에 계신 하나님이시라 _스 1:1-3

남자들은 흔히 내가 세상의 중심이고 나 때문에 세상이 움직인다는 착각을 어느 정도 갖고 있다. 이러한 어설픈 영웅주의자들은 자신들만의 인생 계획을 세워놓고, 그 계획대로 주변 사람들은 물론 하나님마저도 움직여 주실 거라 생각한다. 하지만 우리는 역사의 커다란 수레바퀴의 한 부분을 담당할 뿐 그 중심축에는 하나님이 계셔서 그분이 사람들의 마음을 움직이며 일하신다.

하나님은 당신을 알지도 못하고 섬기는 방법조차 몰랐던 고레스의

남자를 이끄는 힘

마음을 감동시키셨다(스 1:1). 한편 고레스는 하나님을 그저 '이스라엘의 하나님', '너희의 하나님'으로 여길 뿐 '나의 하나님'이라고 고백하지는 않았다. 그러나 하나님은 그를 아셨고 그로 하여금 당신을 섬기게 할 방법을 알고 계셨다(사 45:4). 하나님은 사람의 마음에 영향력을 행사하심으로 세상을 다스리신다. 선한 일을 행하도록 마음을 감동시키고 생각을 넣어 주시는 분이 바로 하나님이시다.

남자들은 사람에 대한 지나친 편견을 내려놓아야 한다. 직장생활 가운데 불편한 사람이 있을 수 있다. 그러나 불편한 그들이 때로는 우리 인생에 고레스와 같은 인물들이 될 수 있다. 주위의 모든 사람들이 내 인생에 필요한 사람들이라고 생각하며 생활하는 태도가 필요하다. 하나님께서 우리 인생 가운데 누구를 통해 어떤 일을 이루실지 알 수 없기 때문에 우리는 늘 겸손한 인생을 살아야 한다.

예루살렘으로 올라가 여호와의 성전을 건축하라(스 1:3)는 고레스의 조서는 이스라엘 백성들이 잃어버렸던 본질과 본분을 회복하는 기점이 된다. 이스라엘의 회복은 곧 예배의 회복이었다. 포로생활 중이던 이스라엘 백성들 앞에 예루살렘으로의 귀환과 성전 건축이라는 믿기지 않는 사건이 펼쳐졌다. 이는 남자들의 기도에 시사하는 바가 크다. 남자들은 기도를 통해 즉각적인 응답을 구하는 편이다. 조급함을 버리고 하나님의 때를 기다리는 인내가 남자들에게 필요하다. 즉각적인 응답을 구하다 보면 인간적인 방법들을 추구하게 되고, 결국 자기중심적 신앙에 빠질 수 있다. 믿음으로 사는 남자는 여호와의 구원을 바라고 잠잠히 기다리는 가운데 소망이 이루어짐을 알고 그때를 기다릴 줄 알아야 한다(애 3:26).

남자들이여, 내 인생에 고레스와 같은 사람은 누구인가? 간절히 바라는 소원이 있는가? 내가 원하는 기준과 방식이 아니라 하나님의 방식을 기대하라. 나의 조급함을 앞세우지 말고 하나님께서 그의 뜻을 이루시는 순간까지 기다리자.

우물을 파는 묵상

1. 때를 기다리지 못해 중요한 일이나 관계를 그르친 경험이 있는가? 어떤 일을 함에 있어 하나님이 일하시는 방식이 가장 적절하고 탁월한 방식임을 인정하는가?

....

....

....

....

2. 내가 간절히 바라고 구하는 일 중에 하나님의 때와 방법을 더욱 더 신뢰하며 기다려야 할 일이 있는가? 나의 기도가 가장 좋은 때에 가장 좋은 방법으로 응답될 것을 믿는가?

....

....

....

....

....

심는 대로 거두는
인생 법칙

너는 네 주 아합의 집을 치라 내가 나의 종 곧 선지자들의 피와 여호와의 종들의 피를
이세벨에게 갚아 주리라 아합의 온 집이 멸망하리니 이스라엘 중에 매인 자나 놓인 자
나 아합에게 속한 모든 남자는 내가 다 멸절하되 아합의 집을 느밧의 아들 여로보암의
집과 같게 하며 또 아히야의 아들 바아사의 집과 같게 할지라 _왕하 9:7-9

남자들에게 세상에서 가장 소중한 사람이 누구냐고 물어보면 대개 부
모, 형제, 배우자, 자녀들이라고 말한다. 그러나 세상에서 가장 소중
한 사람은 나 자신이다. 사실 나보다 더 중요한 사람은 없다. 우리는
자신을 소중하게 여기기 때문에 자신에게 상처를 준 사람과 사건에
대해서 분노와 원망, 또는 앙심을 품기도 한다. 반면에 소중한 나에게
친절과 사랑을 베풀어 준 사람에게는 더없이 감사한다.

하나님은 무수한 선지자들과 당신을 섬기는 자들이 아합의 악행으
로 순교를 당하자(왕상 18:4), 예후를 세워 아합과 이세벨의 악행을 갚겠

남자를 이끄는 힘

다고 선언하신다. '갚다'라는 단어의 원어적인 의미는 '복수하다', '앙 갚음하다'이며 '형벌을 받다'(창 4:15; 출 21:20)라는 의미로도 쓰인다. 아합 가문에 대한 엘리야의 경고에도 불구하고, 아하시야와 요람은 죄악과 우상 숭배에서 떠나지 않아 비극적인 종말을 맞이한다.

"나의 종 곧 선지자들의 피와 여호와의 종들의 피를 이세벨에게 갚 아 주리라"(왕하 9:7)하신 하나님의 진노와 심판을 앞두고도 이세벨은 머리를 꾸미고 화장을 한다(30절). 하나님은 회개할 줄 모르는 악한 행 실을 반드시 징벌하시는 분이다(시 94:1). 그러므로 악인의 형통을 부러 워 할 필요가 없다(잠 23:17). 이 시대에도 아합과 이세벨처럼 강력한 힘 으로 남자들을 유혹하는 손길은 끊이지 않는다. 그들은 하나님이 원 하시는 의로운 삶이 아닌 물질과 성공에 매인 삶을 살도록 유혹한다. 하나님의 뜻이 아니라 세상의 방식을 따라 살도록 끈질기게 미혹한 다. 이처럼 세상 유혹에 빠져 행하는 악한 행실은 선한 열매를 가져다 주지 못한다.

한편, 우리가 섬기는 하나님은 징계의 하나님만은 아니다. 하나님 은 "가난한 자를 불쌍히 여기는 것은 여호와께 꾸어 드리는 것이니 그 의 선행을 그에게 갚아"(잠 19:17) 주신다고 말씀하신다. 그리스도인으 로서 빛과 소금의 삶을 바르게 살아가는 남자들에게 하나님은 마지 막 심판 날에 "내가 줄 상이 내게 있어 각 사람에게 그가 행한 대로 갚 아 주리라"(계 22:12)고 약속하신다. 예수님은 좋은 나무가 나쁜 열매를 맺을 수 없고 못된 나무가 아름다운 열매를 맺을 수 없는 것처럼, 모든 나무는 그 열매로 알게 된다고 말씀하신다(마 7:18-20).

남자들이여, 하나님이 우리에게 갚아 주실 것이 있다면 어떤 것일까? 우리의 악한 행실에 대한 것일까, 아니면 이웃을 내 몸같이 사랑하고 섬긴 선한 행실에 대한 것일까? 우리는 훗날 우리에게 베풀어 주실 하나님 아버지의 상을 바라보며 살아야 한다. 아합과 이세벨처럼 욕망의 노예가 되지 말고 하나님의 나라를 섬기는 신실한 종으로 살아가자. 직장에서 성실과 정직을 실천하고, 나의 가진 것을 가난한 자에게 나눠 주며, 고난 가운데 있는 자들을 위로하는 남자들이 되자.

우물을 파는 묵상

1. 심는 대로 거두는 인생의 법칙을 경험한 적 있는가? 나는 그동안 하나님 앞에 무엇을 심었는가? 성령을 따라 심었는가, 육체의 소욕을 따라 심었는가?

....

....

....

2. 내가 누군가의 섬김과 기도의 열매라는 것을 알고 있는가? 나를 통해 또 하나의 열매를 바라시는 하나님 아버지의 마음을 헤아리고 있는가? 영혼 구원을 위해 나는 무엇을 심을 수 있을지 생각해 보자.

....

....

....

....

....

....

현실이 그대를
속일지라도

무리와 말을 할 때에 그 사자가 그에게 이르니라 왕이 이르되 이 재앙이 여호와께로부터 나왔으니 어찌 더 여호와를 기다리리요 _왕하 6:33

현실은 우리에게 희망을 말하기보다 절망을 말할 때가 많다. 희망을 뺀 현실은 지옥과 같은 세상이다. 아람과 사마리아의 전쟁은 희망이 보이지 않는 가장 참혹한 현실을 빚어냈다. 성경은 "아람 왕 벤하닷이 그의 온 군대를 모아 올라와서 사마리아를 에워싸니 아람 사람이 사마리아를 에워싸므로 성중이 크게 주려서 나귀 머리 하나에 은 팔십 세겔[7]이요 비둘기 똥 사분의 일 갑에 은 다섯 세겔[8]이라"(왕하 6:24-25)고 묘사하고 있다. 이스라엘 왕 여호람이 성을 돌아볼 때, 두 여인이 "네 아들을 내놓아라 우리가 오늘 먹고 내일은 내 아들을 먹자"(28절)고 말하는 것을 듣고 자기 옷을 찢지만, 그는 자신의 잘못을 회개하기보

---

7) 노동자의 320일 일당에 해당하는 돈
8) 음식물 찌꺼기 300밀리리터 값, 노동자의 20일 일당에 해당하는 돈

남자를 이끄는 힘

다 오히려 선지자 엘리사를 원망한다(31절). 그리고 이러한 현실 앞에서 "이 재앙이 여호와께로부터 나왔으니 어찌 더 여호와를 기다리리요"(33절)라며 탄식하고 절망한다.

기근이 든 사마리아 성은 어쩌면 오늘 우리들이 살고 있는 현실인지도 모른다. 이 기근 속에서 백성들에게 가장 절실한 것은 당장 오늘 먹고 마셔야 하는 육신적인 문제였다. 그들 중에 영혼의 목마름과 갈급함으로 하나님을 찾는 사람은 하나도 없었다. 이러한 일이 있음을 슬퍼하며 하나님을 향해 부르짖는 사람이 단 한 명도 없었다. 이토록 심각한 기근이 어디서 비롯된 것인지를 아무도 알려 하지 않았다. 부족함 없이 입고 먹을 수 있다면 그것으로 만족하며 살아가는 사마리아 성의 형편이 오늘날 이 세대와 다를 바 없다.

이때 엘리사가 "여호와께서 이르시되 내일 이맘때에 사마리아 성문에서 고운 밀가루 한 스아를 한 세겔로 매매하고 보리 두 스아를 한 세겔로 매매하리라"(왕하 7:1) 하고 예언한다. 하지만 그것은 도저히 믿을 수 없는 이야기였다. 당시 사마리아 주변은 강력한 아람 군대로 포위되어 있었다. 그야말로 성 안에는 기근이, 성 밖에는 칼이 겨누어진 암담한 현실이었다. 굶주림에 시달리던 사마리아 사람들에게 고운 밀가루와 보리는 먼 옛날의 아름다운 이야기요, 그림의 떡이요, 생전에 다시는 맛볼 수 없는 음식이었을 것이다.

그때 왕이 의지하는 한 장관이 하나님의 사람에게 "여호와께서 하늘에 창을 내신들 어찌 이런 일이 있으리요"(왕하 7:2) 하며 강력하게 이

의를 제기했다. 왕의 장관은 자신의 지식과 판단으로 하나님의 능력을 축소시키는 죄를 범했다. 그래서 그는 엘리사의 예언대로 이루어지는 것을 보긴 했지만, 그 풍성한 양식을 먹고 누리지 못했을 뿐만 아니라 비참하게 죽고 말았다. 반면에 성문 밖에 살던 문둥병자들은 아름다운 소식을 알고 전하는 자의 영광을 누렸다. 비천한 문둥병자라도 하나님의 은혜가 있으면 얼마든지 오늘과 다른 내일의 축복을 누릴 수 있다.

남자들이여, 나의 믿음이 세상을 이해하는 기준이 되고 인생의 방향을 결정짓는다는 것을 알고 있는가? 나의 해박한 지식이 하나님의 은혜보다 앞서지 않도록 주의하자. 힘들고 어려운 현실일지라도 하나님의 말씀을 부정하지 말자. 말씀 안에서 소망을 품고 믿음으로 나아갈 때, 우리는 오늘과 다른 내일의 축복을 누릴 수 있을 것이다.

우물을 파는 묵상

1. 사는 것이 고단하고 신앙하는 것이 힘들다고, 하나님이 더 이상 일하지 않으신다고 속단하지는 않았는가? 하나님은 결코 쉬지도 졸지도 않으시는 분임을 분명히 믿는가?

2. 나의 경험과 지식에 갇혀 하나님의 마음을 헤아리지 못하고 있지는 않는가? 세상은 나를 속일 수 있지만, 여호와 하나님은 나를 향한 약속을 끝까지 지켜내시는 분임을 믿는가? 내게 주신 약속의 말씀을 찾아 묵상해 보자.

남자의 행복한
인생 후반전

또 떡을 가져 감사기도 하시고 떼어 그들에게 주시며 이르시되 이것은 너희를 위하여
주는 내 몸이라 너희가 이를 행하여 나를 기념하라 하시고 저녁 먹은 후에 잔도 그와
같이 하여 이르시되 이 잔은 내 피로 세우는 새 언약이니 곧 너희를 위하여 붓는 것이
라 그러나 보라 나를 파는 자의 손이 나와 함께 상 위에 있도다 _눅 22:19-21

누군가 당신에게 "만약 당신의 삶이 얼마 남지 않았다면 생의 마지막
을 무엇으로 채우겠는가"라는 질문을 한다면, 과연 무엇이라고 대답
할 수 있을까? 내일 일어날 일도 알지 못하면서 1년 후, 10년 후를 꿈
꾸는 우리가 한 가지 확신할 수 있는 것은, 사람은 누구나 죽는다는 사
실이다. 영화 "버킷리스트"는 말한다. 세계여행을 하고 에베레스트 산
에 오르며 스카이다이빙을 하는 것은 우리가 충만한 삶을 살기 위해
반드시 해야 할 일은 아니라고 말이다. 그리고 우리의 인생에서 가장
중요한 것은 가족과 친구임을 일깨워 준다. 남자들은 대부분 직장생

남자를 이끄는 힘

활에 매인 채 하고 싶은 것들에 대한 목마름을 달래며 산다.

빌 하이벨스(Bill Hybels) 목사는 어린 시절, 아버지와 전 세계를 돌아다니며 세상을 배울 기회를 얻었다. 어느 해 남미를 여행하던 중 그는 브라질의 한 호텔 라운지에서 혼자 저녁을 먹고 있었다. 그곳은 세계적인 부자들만 모인다는 코파카바나 해변이 한눈에 보이는 곳이었다. 그때 옆자리에 있던 노신사가 그의 아내에게 말했다. "여보, 우리가 그동안 고생한 가치가 있지? 60년이 넘도록 먹지도 못하고 쓰지도 못하고 살았는데 인생의 마지막에 이런 멋진 휴가를 즐길 수 있으니 말이야. 우리는 성공한 인생이야!"

그 말을 듣는 순간 빌 하이벨스는 '이제 겨우 10대인 나는 벌써 이곳에 와있는데 과연 인생의 성공, 인생의 의미와 목적은 무엇이란 말인가'라고 스스로에게 물었다. 그때 그는 인생의 가장 큰 목적이 큰 기업을 이루는 것도, 유명한 사람이 되는 것도 아님을 깨달았다. 대학에 입학한 그는, 그때 자신이 깨달은 것을 청소년들에게 전하기 시작했고, 겨우 열 개의 과목만 이수한 채 대학을 중퇴한다. 하지만 그는 현재 윌로크릭 교회의 담임목사로, 미국을 이끄는 리더십의 대명사로 인정받고 있다.

해보고 싶은 것을 하면서 사는 것도 좋겠지만, 제대로 사는 것이 더 중요하다. 제대로 사는 삶이 인생의 목표인 사람은 이미 하나님의 뜻대로 사는 인생의 길목에 들어선 사람이다. 하나님의 아들이신 예수 그리스도는 자신의 공생애를 정리하며 제자들에게 참된 삶의 방식을 제시하셨다. 십계명을 주축으로 한 율법이 아닌 "서로 사랑하라 내가 너희를 사랑한 것 같이 너희도 서로 사랑하라"(요 13:34)는 새 계명을 주셨다. 그런데 예수님은 이미 제자들에게 새 계명으로 사는 삶을 구체적으로 보여 주셨다. 예수님의 사랑은 말로 그치지 않고 실천하는 사랑이었기에 사람들의 마음을 변화시키고 세상을 움직일 수 있었다. 사랑한다는 것은 약간의 배려 정도가 아니라, 자신을 온전히 내어 주는 것임을 몸소 보여 주셨다. 예수님은 십자가에서 섬김과 희생의 사랑을 보여 주셨고, 가난하고 병든 자들을 향한 치유와 회복의 사역에 자신을 드리셨다.

남자들이여, 그대는 해보고 싶은 것을 실컷 하면서 살고 싶은가, 아니면 하나님의 뜻대로 제대로 바르게 살고 싶은가? 예수님은 죄와 고난 가운데 있는 백성들을 구원하기를 원하셨고(눅 4:18-19), 결국 십자가와 부활을 통해 그 일을 이루셨다. 삶의 방향을 새롭게 세워 보자. 내가 원하는 일보다 하나님이 기뻐하시는 일에 마음과 시간을 쏟으며 행복한 인생 후반전을 시작하자.

1. 인생의 전반전에 나는 무엇을 바라보며 무엇을 얻기 위해 달려왔는가? 우리는 지금 인생의 하프타임을 지나고 있는지도 모른다. 행복한 인생 후반전을 위해 믿음의 푯대를 바로 세우고 삶의 우선순위를 다시 한 번 점검해 보자.

....

....

....

2. 인생의 후반전을 앞두고, 내가 하고 싶은 일들과 하나님이 기뻐하실 일들을 나누어 기록해 보자.

· 내가 하고 싶은 일들

....

....

· 하나님이 기뻐하실 일들

....

....

행동하는
사마리아인

어떤 사마리아 사람은 여행하는 중 거기 이르러 그를 보고 불쌍히 여겨 가까이 가서 기름
과 포도주를 그 상처에 붓고 싸매고 자기 짐승에 태워 주막으로 데리고 가서 돌보아 주니
라 그 이튿날 그가 주막 주인에게 데나리온 둘을 내어 주며 이르되 이 사람을 돌보아 주라
비용이 더 들면 내가 돌아올 때에 갚으리라 하였으니 _눅 10:33-35

기도가 부족하다고 생각되면 기도에 대한 책을 사러 가고, 믿음이 약해
졌다고 판단되면 믿음에 대한 책을 읽는 그리스도인들이 있다. 그들은
자신의 삶에 어려운 문제가 생긴 때일수록 양육 프로그램에 참여해 배
우고 또 배운다. 많은 시간과 돈을 들여 신학을 공부하는 사람도 있다.
그런데 왜 이들의 삶에 문제가 쉽게 해결되지 않을까? 예수님을 믿는
다는 것과 말씀대로 산다는 것은 다르기 때문이다.

유대인들 중에는 '개념 정리 전문가'들이 많이 있었다. 하나님을 가
장 잘 믿는 사람들이라고 정평이 난 제사장과 레위인이 그런 부류다.

남자를 이끄는 힘

그들은 지식 면에서는 탁월했다. 하지만 사랑에 있어서는 말만 유창할 뿐, 실천은 미미하거나 형편없었다. 한 율법교사가 예수님께 "내가 무엇을 하여야 영생을 얻으리이까"(눅 10:25)라고 물었다. 이에 예수님은 율법교사에게 "율법에 무엇이라 기록되었으며 네가 어떻게 읽느냐"(26절)라고 반문하셨다. 율법교사는 하나님을 사랑하는 것과 이웃을 자신같이 사랑하는 것이라고 대답했다. 그러자 예수님은 "이를 행하라 그러면 살리라"(28절)고 말씀하셨다. 영생은 하나님을 사랑하고 이웃을 사랑하는 사람들이 누리는 축복이다. 레위인도, 제사장도 영생에 대한 지식은 있었다. 그러나 그들의 삶에서 영생에 합당한 모습을 찾아보긴 어려웠다.

예수님은 영생을 묻는 율법교사에게, 여리고로 가다가 강도를 만난 한 사람의 이야기를 들려주셨다. 제사장과 레위인은 그 사람을 그냥 지나친 반면, 사마리아인은 거의 죽을 지경에 처한 그 사람을 불쌍히 여겨(33절) 상처를 싸매주고 여비를 들여 주막에 데려가기까지 했다. 당시 유대인들과 사마리아인들은 서로에게 적대감을 가지고 있었다. 그런데 강도를 만난 그를 도와준 사람은 제사장도 레위인도 아닌 바로 사마리아인이었다. 이 이야기를 통해 예수님이 말씀하시고자 하는 바는 단순하다. "가서 너도 이와 같이 하라"(37절), 즉 행동하는 믿음을 가지라는 것이다. 예수님이 보여 주신 사랑은 개념으로서의 사랑이 아니었다. 예수님은 하나님의 말씀대로 행하시기 위해 십자가에 못박혀 죽으심으로 온전한 사랑의 모범을 보여 주셨다.

많은 사람들이 성경공부를 한다. 성경필사와 암송에 열심을 내기도 한다. 그러나 그 전에 결코 잊어서는 안 될 것이 하나 있다. 말씀을 가까이 한다는 것은, 말씀을 행하는 삶으로 증명되어야 한다는 것이다. 제사장과 레위인처럼 사는 사람이 아니라, 부족하더라도 사랑으로 섬기는 한 사람이 필요하다. 생각하는 것에 그치는 그리스도인이 아니라 행동하고 순종하는 그리스도인이 더없이 필요하다.

남자들이여, 그대는 마음먹은 대로 실천하고 사는가, 아니면 생각만 하고 사는가? 영생을 유업으로 받은 자로서 그에 합당한 삶을 살고 있는가? 예수 그리스도를 믿는 믿음은 아름다운 순종과 헌신으로 드러나야 한다. 오늘 예수님으로부터 '가서 너도 이와 같이 사랑하라'는 말씀을 들었다면 우리는 이미 사랑의 빚을 진 자들이다. 사랑의 본을 보이신 예수님을 따라, 행동하는 믿음으로 그 사랑의 빚을 갚아나가는 남자들이 되자.

우물을 파는 묵상

1. 성경에 대한 해박한 지식을 가진 사람들은 많다. 그러나 말씀을 삶으로 살아내는 사람은 그리 많지 않다. 나는 말씀을 그저 머리로만 이해하는 사람인가, 아니면 삶으로 곱씹으며 한 구절 한 구절 살아내는 사람인가?

....

....

....

....

2. 예수님의 가르침대로 사랑하기 위해 내가 실천할 수 있는 것은 무엇인가? 재난구조단체의 구호 활동과 예수님의 사역에는 어떤 차이점이 있는가? 예수 그리스도를 모르는 영혼에게 내가 전할 수 있는 가장 큰 사랑은 무엇이라고 생각하는가?

....

....

....

....

미적거리지 않는
순종

또 다른 사람에게 나를 따르라 하시니 그가 이르되 나로 먼저 가서 내 아버지를 장사하게 허락하옵소서 이르시되 죽은 자들로 자기의 죽은 자들을 장사하게 하고 너는 가서 하나님의 나라를 전파하라 하시고 또 다른 사람이 이르되 주여 내가 주를 따르겠나이다마는 나로 먼저 내 가족을 작별하게 허락하소서 예수께서 이르시되 손에 쟁기를 잡고 뒤를 돌아보는 자는 하나님의 나라에 합당하지 아니하니라 하시니라 _눅 9:59-62

크리스천 남성들 중에는 푸르고 푸른 청년의 때에 "부름 받아 나선 이 몸"이라는 찬송가의 가사를 진지하게 고백하며, 어디든지 보내시면 가겠다고 하나님 앞에 헌신을 약속한 사람들이 꽤 있을 것이다. 그런데 중년이 된 지금도 그 열정을 그대로 간직하고 있는 사람은 과연 몇이나 될까? 이제는 쉽지 않은 일이니 다시 고민해 보겠다고 말할지 모르겠다. 남자는 나이가 들수록 책임져야 할 일이 계속 늘어나기 때문이다.

길 가는 예수님께 어떤 사람이 "어디로 가시든지 나는 따르리이

남자를 이끄는 힘

다"(눅 9:57) 하고 헌신적인 고백을 한다. 이에 예수님은 자신을 따르는 삶이 얼마나 험난한 것인지를 알려 주신다. 여우도 굴이 있고 공중의 새도 집이 있으되 인자는 머리 둘 곳이 없을 정도로 세상에서 얻는 것이 없다고 말씀하신다(58절). 한편 예수님께 친히 부름받은 다른 한 사람은 하루만 기다려 달라고 한다. "나로 먼저 가서 내 부친을 장사하게"(59절) 허락해 달라는 것이다. 그러나 예수님은 그 사람에게 "너는 가서 하나님의 나라를 전파하라"(60절)고 명하신다. 지금 그의 우선순위는 죽은 아버지를 장사하는 것이 아니라 하나님의 나라를 전파하는 데 있다는 것이다.

만일 그가 하나님의 나라를 전파하는 일에 우선순위를 두었다면 어떤 일이 벌어졌을까? 예수님이 말씀 한마디로 백부장의 종을 살리신 것처럼, 그의 부친에게도 그런 기적을 베푸셨을지 모른다. 예수님을 따르는 일에 즉각적으로 순종하지 않고 핑계를 대며 머뭇거리는 사람들에 대해 예수님은 "손에 쟁기를 잡고 뒤를 돌아보는 자"(62절)라고 정의하신다.

기독교인으로 사는 것은 좋은데, 순종과 헌신 앞에서는 발을 빼며 "나중에"라는 말로 미루는 남자들이 많다. 하나님이 원하시는 일에 헌신해야 하는 순간, 우리는 왜 그렇게 주저하고 미적거리는 것일까? 그것은 순종의 즐거움과 축복을 경험하지 못해서이다. 부모는 자녀를 위해 희생하고 수고하면서도 고생한다고 생각하지 않는다. 그 이유는 자녀를 사랑하기 때문이다. 손에 쟁기를 잡고 뒤를 돌아보지 않는 미

련 없는 순종은 하나님을 사랑하는 남자들의 몫이다. 변명하는 신앙
생활은 나의 모든 일상생활을 변명거리로 만들 수 있다. 그리고 그 일
상생활 역시 하나님의 은혜가 없다면 송두리째 흔들릴 수 있음을 명
심하자.

남자들이여, 나의 수고와 노력으로 잘 살 수 있다고 생각하는가? 아
니면 하나님이 나와 함께하셔야 진정으로 평안하고 만족하는 인생이
될 수 있다고 믿는가? 롯의 아내처럼 소돔성의 미련에 포로가 되어선
안 될 것이다. 미련 없는 순종과 헌신을 통해 하나님의 나라와 의를
구하는 삶을 살아가자. 그것이 영적으로 남자다운 선택이다.

우물을 파는 묵상

1. 내가 절대 할 수 없을 것 같은 일을 하라고 말씀하시는 하나님을 대면한 적 있는가? 그때 나의 마음과 반응은 어떠했는가? 순종은커녕 재고의 여지도 없이 "저 못해요" 하고 선을 긋지는 않았는가?

2. "나를 따르라"는 예수님의 명령 앞에, 나의 일과 시간과 물질이 불순종의 핑계거리가 되고 있지는 않은가? 현실적으로 불가능할 것 같은 일임에도 불구하고 믿음으로 순종했을 때, 그 넘치는 기쁨과 감격을 느껴본 적 있는가?

참된 제자로
산다는 것

수많은 무리가 함께 갈새 예수께서 돌이키사 이르시되 무릇 내게 오는 자가 자기 부모와 처자와 형제와 자매와 더욱이 자기 목숨까지 미워하지 아니하면 능히 내 제자가 되지 못하고 누구든지 자기 십자가를 지고 나를 따르지 않는 자도 능히 내 제자가 되지 못하리라 _눅 14:25-27

변화하는 시대 속에서 남자들은 생존이라는 이름으로 많은 가치를 변형시켜 왔다. 그러나 결코 포기할 수 없고 회피해서는 안 될 삶의 가치가 있다. 그것은 하나님의 말씀에 대한 순종이다. 남자들이 반드시 회복해야 할 삶이 있다면 그것은 다름 아닌 제자로서의 삶이다. 그동안 자신의 욕심대로 성공 지향적인 삶을 살아왔다면 이제는 돌이켜야 한다. 야망이 인생을 얼마나 허망하게 만드는지 우리는 잘 알고 있다. 헛되고 헛된 인생이 아니라 참된 가치를 추구하는 삶을 살아야 한다. 예수 그리스도를 가장 중요한 가치로 여기고 그를 따르는 인생은 진

남자를 이끄는 힘

정한 행복을 누릴 수 있다.

예수님은 제자가 되기 위해 가져야 할 태도에 대해 세 가지 비유를 들어 말씀하셨다. 첫 번째는 망대를 세우는 자의 비유(눅 14:28-30)이다. 당시, 헤롯의 권력 과시용으로 시작한 공사가 미완성으로 끝나는 일이 많았다. 그 결과 헤롯은 권력자로 인정받기는커녕 오히려 비난과 조롱을 받았다. 제자의 삶은 철저한 준비와 계획을 통해 시작해야 하며 중도에 포기하는 일이 없어야 한다.

제자도에 대한 두 번째 비유는 전쟁에 참가한 왕(31-32절)의 비유이다. 당시 헤롯은 헤로디아와 결혼하기 위해 아라비아왕 아레타스의 딸과 이혼했다. 이로 인해 헤롯은 아라비아와 전쟁을 하게 되었고 그 전쟁에서 대패하고 말았다. 제자가 되기 원한다면, 전쟁을 시작하기 전에 치밀한 전략을 준비하여 전쟁을 승리로 이끄는 왕과 같아야 함을 말씀하신 것이다.

제자도에 대한 세 번째 비유는 맛을 잃은 소금(33-34절)의 비유이다. 소금이 짠 맛을 잃으면 아무 데도 쓸 데 없어 내버려지듯이, 우리 역시 희생과 헌신의 삶을 통해 제자다운 맛을 내지 못하면 참 제자가 될 수 없다는 것이다.

내 삶의 기초를 세우기보다 다른 사람의 눈에 보이기 쉬운 망대를 무모하게 세우려 하고, 준비되지 않았으면서 위대한 능력을 소유한 것처럼 살면 결국 무너지고 만다. 맛을 잃은 소금처럼 영향력 없는 모습이야말로 실패한 인생의 자화상이다. 예수님을 따르는 참된 제자의 삶을 살기로 결정했다면, 나의 자랑을 위해 세운 망대를 허물고 내 인생의 기초를 새롭게 세워야 한다.

남자들이여, 진정한 성공은 변하지 않는 진리를 붙들고 예수 그리스도의 제자로 살아가는 것임을 알고 있는가? 인생의 모든 화려한 것은 결국 지나갈 것이고 과거라는 이름에 갇히겠지만, 제자의 삶은 미래에 더 많은 인생의 즐거움을 실어다 줄 것이다. 제자로 살아가는 것이야말로 내가 지금 해야 할 최우선의 과제이다.

우물을 파는 묵상

1. 예수님의 제자로 살아갈 때, 내가 지고 따라야 할 나의 십자가는 무엇인가? 제자의 삶을 생각할 때 희생과 고난이 먼저 떠오르는가, 아니면 진정한 자유와 하늘의 상급이 떠오르는가?

2. 영원히 썩지 않을 것을 위해 내 인생의 자산을 쏟아 붓는 것은 결코 어리석은 행동이 아님을 알고 있는가? 지금 내 머릿속을 가득 메우고 있는 생각들은 영원한 천국을 위한 것인가, 아니면 언젠가는 썩어지고 없어질 세상살이를 위한 것인가?

소명 따라
나그네 인생

예수께서 열두 제자를 불러 모으사 모든 귀신을 제어하며 병을 고치는 능력과 권위를
주시고 하나님의 나라를 전파하며 앓는 자를 고치게 하려고 내보내시며 이르시되 여행
을 위하여 아무것도 가지지 말라 지팡이나 배낭이나 양식이나 돈이나 두 벌 옷을 가지
지 말며 어느 집에 들어가든지 거기서 머물다가 거기서 떠나라 _눅 9:1-4

군대시절 경호작전 막바지에 야간 매복근무를 설 때가 있었다. 얼굴
과 몸을 위장한 채 졸음을 참아가며 숨 죽여 밤새 보초를 서야 했다.
근무 중에 누구와도 말할 수 없기 때문에 밤새 무거운 침묵만 흐를 뿐
이다. 그러다 배가 고프면 먹고 싶은 것들이 하나씩 떠오르고 어느새
밤하늘의 달도 보름달 빵처럼 보인다. 생각하면 할수록 뱃속의 꼬르
륵 소리가 더욱 요동친다. 그 순간에는 생각 자체가 고통이다.

　사람은 자신이 하고 싶은 것을 할 수 없고 먹고 싶은 것을 먹을 수
없을 때 고통스럽다. 남자들은 고급 자동차나 요트와 같은 소위 비싼

남자를 이끄는 힘

장난감을 갖고 싶어한다. 원하는 것을 갖기 위해, 또 소유한 것들을 계속 유지하기 위해 많은 노력을 기울인다. 그렇게 내면 깊은 곳에 생겨난 욕망을 채우기 위해 발버둥 친다.

예수님은 제자들을 전도하러 보내시면서 여행 규칙을 알려 주신다. 그리고 "모든 귀신을 제어하며 병을 고치는 능력과 권위"(눅 9:1)를 그들에게 주시며, 여행의 목적이 하나님의 나라를 전파하며 앓는 자를 고치는 것에 있음을 알려 주신다.

또한 예수님의 능력과 권위를 가진 자가 일상 속에서 어떻게 살아야 할지를 구체적으로 말씀하신다(3-5절). 여기서 구체적인 삶의 지침이란, 내가 소유한 것으로 안정감을 얻으려 하지 말고 하나님이 채워 주시는 것으로 만족하며 살라는 것이다. 또한 일의 결과에 따라 자신의 행복과 불행을 선택하지 말라고 말씀하신다. 목적을 따라가는 삶을 살라는 것이다.

제자들에게 요구되는 책임은 복음을 전하는 것이다. 이를 위해 제자들은 여행을 떠나기 전 필요한 것들을 꼼꼼히 챙겨야 한다. 그러나 예수님은 제자들에게 아무것도 가지고 가지 말라고 말씀하신다. 여행자의 무거운 배낭은 인생의 무게와 같다. 여행자가 필요한 물건을 챙기듯 남자들에게는 가족의 필요를 챙기는 것이 중요한 일이다. 남자들은 "지팡이나 배낭이나 양식이나 돈이나 두 벌 옷"(3절)을 가족에게 제공하기 위해 살아왔고, 더 좋은 것들을 계속 공급해 주기 위해 지금도 살아간다.

그러나 본문에 나오는 제자들은 예수님의 가르침대로 아무것도 없이 나가 각 마을을 두루 다니며 복음을 전하고 병을 고쳤다. 가진 것이라고는 예수님이 주신 능력과 권위밖에 없었다. 하지만 제자들은 배고프거나 고달픈 인생을 살지 않았고, 목적에 합당하지 않은 모습으로 생활하지 않았다. 제대로 산다는 것은 많은 것을 가지고 사는 것이 아니라 예수님이 맡기신 목적에 합당하게 사는 것이다.

남자들이여, 그대는 예수님이 자신에게 맡기신 소명을 붙들기보다 자신의 욕망과 기대만을 붙들며 살지는 않았는가? 제대로 사는 인생은 하나님의 나라와 의(마 6:33)를 위하여 사는 인생이다. 소유욕을 내려놓고 주님이 주신 소명을 붙들자. 우리가 하나님의 필요에 집중하는데 하나님이 우리의 필요를 외면하실 리 없다.

우물을 파는 묵상

1. 하나님 앞에 나는 어떤 소명을 가진 자인가? 나는 하나님이 주신 소명을 따라 하나님의 나라와 의를 위해 살아가고 있는가?

2. 나의 시민권은 이 땅이 아닌 하나님 나라에 있음을 기억하고 있는가? 내가 영원히 거할 처소가 하나님 나라에 준비되어 있음을 믿는가? 복음을 전하는 나그네로서 내게 불필요하거나 거추장스러운 것은 없는가?

국제제자훈련원은 건강한 교회를 꿈꾸는 목회자의 동반자로서 제자 삼는 사역을 중심으로 성경적 목회 모델을 제시함으로 세계 교회를 섬기는 전문 사역 기관입니다.

성경에서 배우는 인생 한 수(手), 15분 남성큐티

남자를 이끄는 힘

초판 1쇄 인쇄 2013년 5월 25일
초판 1쇄 발행 2013년 5월 30일

지은이 이의수
펴낸이 오정현
펴낸곳 도서출판 국제제자훈련원

기획편집 김명호
편집책임 옥성호
편집 홍지은
표지디자인 고경원
편집디자인 참디자인
마케팅 김겸성 송상헌 박형은 김미정 손은실

등록 제22-1240호(1997년 12월 5일)
주소 (137-865) 서울시 서초구 서초 1동 1443-26
e-mail dmipress@sarang.org   **홈페이지** www.discipleN.com
전화 (02)3489-4300   **팩스** (02)3489-4309

ISBN 978-89-5731-615-3 03230 Printed in Korea

※ 가격은 뒤표지에 있습니다. 잘못된 책은 구입하신 곳에서 교환해 드립니다.